Kartoffel in der Früh

Ein kulturgeschichtliches Koch– und Lesebuch

Bezirk Mittelfranken

Fränkisches Freilandmuseum

Schriften und Kataloge des Fränkischen Freilandmuseums, Band 24
Herausgegeben im Auftrag des Bezirks Mittelfranken von Konrad Bedal

Kartoffel in der Früh

Ein kulturgeschichtliches Koch- und Lesebuch

herausgegeben von

Hermann Heidrich & Alexandra Kohlberger

Dieses Buch erschien erstmals 1995 als Begleitpublikation zur Ausstellung. „Die Kartoffel. Geschichte und Zukunft einer Kulturpflanze“, die im Rahmen des Ausstellungsverbundes „Arbeit und Leben auf dem Lande“ erarbeitet und im Fränkischen Freilandmuseum in Bad Windsheim vom 9. 9. bis 17. 12. 1995 und vom 10. 3. bis 14. 4. 1996 gezeigt wurde.

Abbildungsnachweis: Archiv Fränkisches Freilandmuseum: S. 22, 48, 73, 74, 80. - Bauernhofmuseum Kleinlosnitz: S. 19, 82. - Groth-Schmachtenberger: S. 27. - Photo-König Lobenstein: S. 45, 65. - Privatbesitz: S. 111.

Alle Zeichnungen: Konrad Bedal

Verlag Fränkisches Freilandmuseum, Bad Windsheim
Redaktion und Gestaltung: Hermann Heidrich
Delp-Druck Bad Windsheim
ISBN 3-926834-33-1
Printed in Germany 2001
3. unveränderte Auflage

Rezepte

Kartoffellied

Pasteten hin, Pasteten her,
was kümmern uns Pasteten?
Die Kumme hier ist auch nicht leer
und schmeckt so gut als bonne chère
von Fröschen und von Kröten.

Und viel Pasteten und Leckerbrot
verdirbt nur Blut und Magen.
Die Köche kochen lauter Not,
sie kochen uns viel eher tot;
Ihr Herren laßt euch sagen!

Schön rötlich die Kartoffeln sind
und weiß wie Alabaster!
Sie däun sich lieblich und geschwind
und sind für Mann und Frau und Kind
ein echtes Magenpflaster.

Matthias Claudius

Zur Einführung

„Kartoffel in der Früh',
zu mittag in der Brüh',
abend mitsamt der Heit'n,
so geht's den armen Leut'n".

Wenn wir Sie, geneigte Leserin, geneigter Leser, heute, kurz vor der Wende zum 21. Jahrhundert, mit Sprüchen dieses Inhalts konfrontieren, dann sind wir uns gewiß, daß die wenigsten von Ihnen die dahinter verborgene Mühsal, die Armut, die Einseitigkeit der Ernährung noch aus eigener Anschauung nachvollziehen können. Ob wir Sie dennoch sensibilisieren werden für die Tragödie, welche die Kartoffel als Speise des Volkes hinter den dichten Theatervorhängen der Geschichte der Herrschenden zu jeder Zeit gespielt hat?

Lange Zeit hatte die Kartoffel ein ärmliches Image, wurde mit karger und einfacher Ernährungsweise in Zusammenhang gebracht. Daß sich der Kartoffelanbau besonders in ärmeren Gegenden stark verbreiten konnte, verdankt die Frucht aber ihrer Attraktivität für kleine Betriebe. Im letzten Drittel des 19. Jahrhunderts nahm der Anbau in Oberfranken rund ein Siebtel der vorhandenen Ackerfläche ein, im Nordosten sogar 20 bis 23%. Von 1863 bis 1883 ist er um rund 18% angestiegen. Je kleiner die Betriebe sind, desto mehr nimmt ihr Anteil am Kartoffelanbau zu. Besonders Kleingütler in den Gebirgsgegenden bebauen bis zur Hälfte ihres Nutzlandes mit Kartoffeln. Arbeiter, Häusler, Kleinbauern, alle mit kleinem Grundbesitz, konnten von der Frucht profitieren, und in den höhergelegenen Gegenden Oberfrankens diente sie den Menschen, die in Heimindustrie arbeiteten, als Hauptnahrungsmittel.

Die Kartoffel hat die Industrialisierung als billiges und sättigendes Nahrungsmittel begleitet. Angesichts der beispielsweise im Vogtland – aber nicht nur dort – herrschenden Not der Handwerker und Arbeiter im 19. Jahrhundert war die Kartoffel nahezu die Grundlage der Existenz. Der von der Decke hängende Hering, an dem die Familienmitglieder die Erdäpfel rieben, damit sie wenigstens dessen Geschmack bekamen, ist ein einprägsames Symbol geworden für die Not, die damals im Vogtland herrschte. Besonders die Entwicklung der dortigen Textilindustrie läßt sich ohne das Grundnahrungsmittel Kartoffel in dem Ausmaß kaum verstehen; die für die Plauener Manufaktur arbeitenden Spinner kamen vor allem aus der ländlichen Bevölkerung des vogtländischen Kreises, und oft waren es Kleinbauern, die zusätzlichen Nebenerwerb betreiben mußten. Die Nahrung der für niedrigste Löhne arbeitenden Spinner–, Weber– und Wirkerfamilien, die „wohlfeile Kost", bestand fast ausschließlich aus Kartoffeln.

Andererseits hören wir aus dem oberfränkischen Hof des 17. Jahrhunderts von Festmalen, bei denen Kartoffeln gereicht wurden. *Ein gebraten Auerhan, Ertapfeln, gesoten vörder lambvirtel, Ruppenfisch und grundeln, ein gebraten Ahl, Krebß ect.* ließen sich 1659 Bürgermeister und Ratsmitglieder schmecken. Neben Köstlichkeiten wie Hecht und Hase, Karpfen und Hirsch, Mandeltorte, Pfefferkuchen und Konfekt konnten die – in Deutschland noch relativ jungen und unbekannten – Kartoffelbeilagen also bestehen.

Der Prestigewert der Kartoffel schwankt gewaltig, und unübersehbar sind Trends der Luxurierung, der Verfeinerung, der Veredelung. Die in diesem Kochbuch enthaltenen Gerichte folgen freilich nicht diesem Weg. Sie stammen aus der Region, aus Franken, manche aus der Oberpfalz und aus dem Hohenlohischen. Entnommen haben wir sie Kochbüchern, gedruckten wie handschriftlich verfaßten, und den Erinnerungen vieler Frauen, die mitgeholfen haben. Garantieren können wir allerdings nicht in jedem Fall für die regional gesicherte Herkunft, denn die Ausbildung an Hauswirtschaftsschulen hat die regionale Küche verwischt. Aber wir sind sicher, daß dies Ihrem Vergnügen beim Kochen der bisweilen ein wenig exotisch wirkenden Kartoffelgerichte keinen Abbruch tut – und wünschen guten Appetit!

Kartoffelsorten

Die Anzahl der Kartoffelsorten ist sehr groß, so daß es nicht möglich ist, alle Eigenschaften einer jeweiligen Sorte zu kennen. Das Bundessortenamt gibt jedes Jahr eine „Beschreibende Sortenliste Kartoffeln" heraus, um den Überblick zu erleichtern. Diese etwa 130 Sorten hier zu veröffentlichen würde zu weit führen. Nachfolgend sind die bekanntesten Sorten genannt und nach Kocheigenschaften klassifiziert.

Noch eine (Koch–)Anmerkung: ***Festkochende*** Sorten springen beim Kochen nicht auf und sind fest, feinkörnig und feucht. Sie eignen sich gut für Salate. ***Vorwiegend festkochende*** Sorten springen beim Kochen ein wenig auf, sind mäßig feucht und feinkörnig. Sie sind gut geeignet für Brat-, Salz- und Pellkartoffeln. ***Mehlig kochende*** Sorten verwendet man für Kartoffelbrei, Suppen, Soßen und Knödel. Sie springen beim Kochen stärker auf, sind locker, trockener und grobkörniger und haben einen Stärkegehalt von etwa 15%.

Frühe Sorten: *Christa, Dobra, Erstling, Margit, Saskia* und *Ukama* als vorwiegend festkochende, *Sieglinde* und *Cinja* als festkochende Kartoffeln. Die Vegetationszeit von Frühkartoffeln beträgt etwa 110 Tage. Frühkartoffeln werden in unseren Breitengraden meist unter Folie angebaut. Die im Handel erhältlichen Kartoffeln werden aber oft aus südeuropäischen Ländern importiert. Die frühesten Sorten können schon Ende Mai geerntet werden. Die Frühkartoffel hat eine sehr dünne Schale, die gut mitgegessen werden kann, einen sehr geringen Stärkegehalt hat und nicht länger als zwei bis drei Wochen gelagert werden sollte.

Zu den ***mittelfrühen Sorten,*** mit einer Vegetationszeit von 120 bis 140 Tagen gehören: *Agria, Bettina, Culpa, Granola,* und *Quarta* als vorwiegend festkochende, *Nicola* und *Selma* als festkochende und *Aula, Ulla* und *Irmgard* als mehlig kochende Sorte.

Späte Sorten sind: *Aula, Datura* und *Monza,* Sie sind mehlig kochend. Sie benötigen 140 bis 160 Tage zur Erntreife.

Speisekartoffeln werden im Handel in den Klassen *Extra* und *I* angeboten. Sie müssen sortenrein, gesund, ganz und praktisch sauber sein. Sie werden nach der Größe sortiert; langovale Sorten müssen eine Knollengröße von mindestens 30mm haben, runde bis ovale Sorten eine von mindestens 35mm. Bei der Klasse *Extra* dürfen 5% nicht qualitätsgerechter Kartoffeln enthalten sein (faule, kleine, Knollen anderer Sorten), bei der Handelsklasse *I* darf der Anteil solcher Knollen bis zu 8% betragen. Kleinere Kartoffeln können unter der Handelsbezeichnung *Drillinge* angeboten werden.

Die Verpackung der Kartoffeln muß die Handelsklasse, die Sorte, den Kochtyp, das Füllgewicht und den Namen und die Anschrift des verpackenden oder verkaufenden Betriebes aufweisen.

Suppen

Aufgeschmelzte Kartoffelsuppe

500 g Kartoffeln, 1 Bund Suppengrün, $1\frac{1}{4}$l Brühe, 1 Prise Salz, $\frac{1}{2}$ Teel. Majoran, 1 große Zwiebel, 50 g Fett oder Speck, 30 g Mehl.

Kartoffeln würfeln, Suppengrün klein schneiden und in der Brühe mit einer Prise Salz weichkochen. Alles mit dem Stampfer zerdrücken, nochmals aufkochen und den Majoran zugeben. Speck auslassen oder Fett zergehen lassen, Zwiebeln in Ringe schneiden und darin anrösten. Das Mehl einrühren und rösten bis die Zwiebeln goldgelb sind. Das Ganze über die Suppe geben und servieren.

Grüne Kartoffelsuppe

500 g Kartoffeln (vorwiegend festkochend), 250 g gelbe Rüben, 1 Sellerieknolle, 1 Stange Lauch, 1 Zwiebel, 5 Stengel frischer Majoran, 1 Bund Petersilie, Sauerampfer, Kerbel, 30 g Fett, 1l Brühe, Salz, 1 Eßl. Mehl, 6 Eßl. Sauerrahm.

Kartoffeln und Gemüse waschen, putzen und schälen. Zwiebel würfeln, Kräuter kleinhacken und in Fett dünsten. Würfelig geschnittenen Sellerie, gelbe Rüben und Lauch zugeben und mitdünsten. Mit der heißen Fleischbrühe auffüllen, Kartoffelwürfel zugeben und 15 Minuten kochen lassen. Mit Mehl binden, Sauerrahm unterheben und servieren.

! Wenn eine Suppe versalzen ist, ein rohes Ei darin verquirlen. Das gestockte Ei wieder herausnehmen; es hat das meiste Salz aufgenommen.

Kartoffeleinlaufsuppe

1–2 Kartoffeln, 1 Ei, Salz, 1 1/4 l Brühe, Petersilie, Schnittlauch, Majoran, Bohnenkraut.

Die Kartoffeln schälen und reiben. Mit Ei und Salz mischen. Den Teig in die kochende Brühe unter ständigem Umrühren einlaufen lassen; 20 Minuten kochen und mit den fein gehackten Kräutern abschmecken.

Kartoffelsuppe

5 Kartoffeln, 2 gelbe Rüben, 1 Stange Lauch, 1 Sellerie, 2 Eßl. Schmalz, Salz, Semmelbrösel (nach Belieben).

Die Kartoffeln werden geschält und in feine Scheiben geschnitten. Das Suppengrün wird fein gewiegt. Kartoffeln und Suppengrün in heißem Schmalz mit etwas Wasser dünsten und dann durch ein Sieb passieren. Mit Wasser verdünnen und einige Male aufkochen lassen. Nach Belieben mit gerösteten Semmelbröseln bestreuen und servieren.

Kochgeschirr. Links irdener Kochhafen mit Draht gebunden, Mitte gußeiserner Kochhafen, rechts irdener gebundener Hafen zum Einhängen in die Herdlöcher des Sparherdes.

Kartoffelsuppe

300 g Zwiebeln, 300 g Gemüse (Karotten, Sellerie, Lauch), 100 g Speck, 50 g Butter, 1 kg mehlige Kartoffeln, 3 l Brühe, Salz, Muskat, Kerbel, 2 Scheiben Weißbrot, 150 g Leberkäse.

Zwiebeln und Gemüse kleinschneiden und mit dem Speck in Butter anrösten. Geschälte, rohe Kartoffeln grob zerkleinern und mitdünsten. Mit der Brühe auffüllen und 30 Minuten kochen lassen. Speck herausnehmen, alles pürieren und mit den Gewürzen abschmecken. Weißbrot und Leberkäse in Würfel schneiden, in der Pfanne leicht anbräunen und zur Suppe geben.

i Muskat: Es gibt etwa 250 Arten Muskatnußgewächse. Die wirtschaftlich bedeutendste Art ist der echte Muskatnußbaum *Myristica frangans* – ein immergrüner, bis zu 15 Meter hoher Baum mit ganzrandigen Blättern, der heute fast überall in den Tropen kultiviert wird. Die Frucht ist eine fleischige Kapsel, mit nur einem, von dem Samenmantel umhüllten Samen, der Muskatnuß. Diese wird getrocknet und gegen Insektenfraß in Kalkmilch getaucht. Sie findet vor allem Verwendung als Kuchengewürz und bei Kartoffelgerichten. In der Medizin wird sie als Magenmittel und Aromatikum benutzt. Aus den minderwertigen Samen wird Muskatnußöl gewonnen, das in der Kosmetikindustrie Verwendung findet.

Kartoffelsuppe extra

1 kg Kartoffeln, 1 gelbe Rübe, 1½ l Fleischbrühe, 1–2 Stangen Lauch, 40 g Butter, 2 Eßl. saurer Rahm, 50 g Schinken, Salz, etwas Essig.

Kartoffeln schälen, waschen und in Stücke schneiden. Kartoffeln mit der gelben Rübe in kochende Fleischbrühe geben und garen. Die Masse durch ein Sieb pürieren. Den Lauch putzen, in Ringe schneiden und in Butter dünsten. Den Schinken in Streifen schneiden, zugeben und kurz mitdünsten. Die Suppe vom Herd nehmen, sauren Rahm, Schinken und Lauch unterrühren. Mit Salz und etwas Essig abschmecken.

Kartoffelsuppe mit Milch

$^{3}/_{4}$ l Wasser, 500 g Kartoffeln, Suppengemüse, $^{1}/_{4}$ l Milch, Petersilie, Salz, 20 g Speck, 1 große Zwiebel, 1 Eßl. Mehl.

Die Kartoffeln schälen, in kleine Stücke schneiden und mit dem ebenfalls kleingeschnittenen Suppengemüse in Wasser gar kochen. Die Masse durch ein Sieb streichen und mit der Milch und dem Mehl nochmals aufkochen lassen. Mit Salz und gewiegter Petersilie abschmecken. Kurz vor dem Servieren geröstete Speck– und Zwiebelwürfel darübergeben.

Kartoffelsuppe mit schwarzer Speckwurst

50 g Speck, 1 Zwiebel, 50 g Mehl, $^{3}/_{4}$ – 1 l Wasser, 1 kg Kartoffeln, 1 schwarze Speckwurst, Salz, Petersilie.

Den Speck in Würfel schneiden und auslassen. Darin die Zwiebelwürfel glasig dünsten und mit Mehl und Wasser zu einer Schwitze verrühren. Kartoffeln kochen, schälen und durchpressen. Schwitze über die Kartoffeln geben. Alles gut umrühren und mit Salz und gehackter Petersilie abschmecken. Zum Schluß die fein gewürfelte Speckwurst untermengen.

Milchkartoffelsuppe

750 g Kartoffeln, Salzwasser, $^{3}/_{4}$ l Milch, Salz, süßer Rahm.

Kartoffeln schälen und in Scheiben schneiden. Diese in Salzwasser weich kochen, zerstampfen und mit Milch und dem Kartoffelkochwasser verrühren. Aufkochen lassen und mit Rahm abschmecken.

Rumfordsuppe

250 g getrocknete Erbsen, 125 g Perlgraupen, 1 große Zwiebel, Suppengrün, 150 g Speck, 200 g gewürfelte Kartoffeln.

Erbsen verlesen, waschen und über Nacht einweichen. Mit dem Einweichwasser aufkochen und bei schwacher Hitze eine Stunde weiterkochen. Dann gewürfelte Zwiebel und Suppengrün zugeben, garen und passieren. Die Graupen drei Stunden in der Brühe kochen, abschütten und zugeben. Ausgelassenen Speck und gewürfelte Kartoffeln hineingeben und bei schwacher Hitze garen, anschließend abschmecken.

i Graupen sind Gersten– oder Weizenkörner, die in einer Graupenmühle enthülst, entspitzt und geschält werden.

Sagosuppe

125 g Sago oder körnige Kartoffelstärke, Fleischbrühe, Muskat, 1 Ei.

Die Stärke wird in der Fleischbrühe gekocht, bis die Körnchen weich und klar sind. Mit Muskat abschmecken und ein verrührtes Ei zugeben.

i Sago ist ein körniges Stärkeerzeugnis, das aus dem Mark verschiedener Sagopalmen gewonnen wird. Die Stärke wird aus dem Stamm ausgewaschen (pro Stamm etwa 100 kg) und durch Siebe gepreßt. Dann wird die Stärke in Pfannen oder Trommeln erhitzt, wobei die Oberfläche der Körner verkleistert. Sagoähnliche Erzeugnisse werden auch aus Maniokstärke oder aus Kartoffelstärke hergestellt. Bereits im 18. Jahrhundert begann man mit der Herstellung von Kartoffelstärke, als billigen Ersatz der Getreidesstärke. Die Kartoffeln wurden möglichst fein gemahlen, um aus den zerstörten Zellstrukturen dann die Stärkekörner auswaschen zu können. Die Stärke wird zur Herstellung von Buchbinderkleister, Wäschestärke und Wachskerzen verwendet; in veredelter Form, als Quellstärke, kommt sie auch im Nahrungsmittelbereich, z. B. für Brot und Backwerk, zum Einsatz.

Suppeneinlagen

Bänkstitzel

500 g gekochte Kartoffeln, 750 g rohe Kartoffeln, 1 Ei, 1–2 Teel. Salz, 500 g Mehl, etwas Zucker, 80 g Hefe, 1 Tasse Milch, Fleischbrühe.

Aus Milch, Mehl, Zucker und Hefe einen Vorteig machen und gehenlassen. Rohe und gekochte Kartoffeln reiben und zugeben. Den Teig gut vermengen und mit Salz abschmecken. Aus dem Teig Kugeln formen, in eine gefettete Augenform (für Eier) setzen und nochmals gehen lassen. Bei 175 Grad eine Stunde backen. Dann die Klößchen in heiße Fleischbrühe geben und servieren.

Erdäpfelstifte

1 Bund Petersilie, 2 kleine Zwiebeln, 60 g Butter, 3 Eier, 125 g Mehl, Salz, 6 Kartoffeln, Rindfleischbrühe.

Petersilie und Zwiebeln fein wiegen und in Butter dünsten. Die verquirlten Eier, Mehl, Salz und die gekochten, geriebenen Kartoffeln dazugeben. Die Masse in eine feuerfeste, gefettete Form geben und goldgelb backen. Nach dem Backen in kleine Stifte schneiden und in die heiße Rindfleischbrühe geben.

Eingeschnittene Klöße

Knödelreste, Fett.

Übrig gebliebene Knödel werden in Würfel geschnitten und in Fett angeröstet. Sie geben so eine köstliche Suppeneinlage.

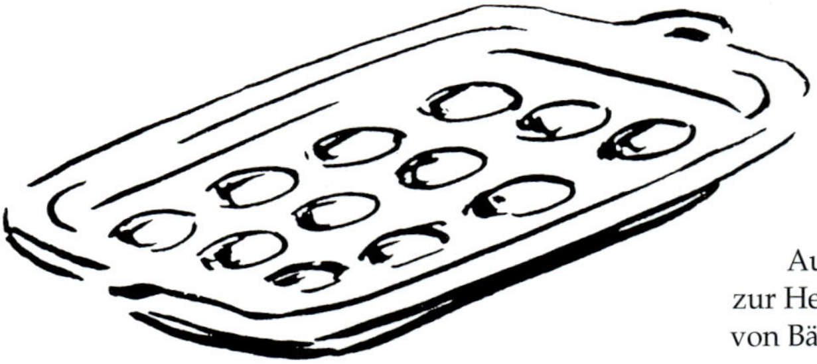

Augenform
zur Herstellung
von Bänkstitzel.

Inhaltsstoffe einer Kartoffel

75% Wasser
17% Stärke
0,5% Zucker
2,8% Dextrine, Pentosane, Pektine
2% Eiweiß und Eiweißbausteine
Organische Säuren, Fermente, Farbstoffe
0,3% Fette
0,7% Rohfaser
1,1% Mineralstoffe und Spurenelemente
Kalium, Magnesium, Mangan, Phosphor.
Vitamine: C, B1, B2, B6, H, K, A. Der Gehalt an Vitamin C nimmt mit der Dauer der Lagerung ab.

Rohe Kartoffelstärke ist ungenießbar, erst durch das Erhitzen tritt eine Verkleisterung der Stärke ein und so ist sie gut verdaulich.
Der Eiweißgehalt der Kartoffel liegt zwar nur bei 2%, allerdings ist es ein qualitativ sehr hochwertiges Eiweiß, das vom menschlichen Körper fast ganz verwertet werden kann.
Giftige Komponenten: Glycoalkaloide, das bekannteste ist das Solanin, in frischen Kartoffeln ist davon aber weniger als 10 mg pro 100g enthalten. Ein wesentlicher Faktor der zur Glycoalkaloidbildung führt ist Lichteinfall auf Kartoffeln. Grüne Kartoffeln sollten deshalb immer entfernt werden. Glycoalkaloide gehen beim Kochen geschälter Kartoffeln zum Teil in das Kochwasser über.

Kurze Geschichte der Kartoffel

Die Kartoffel wurde in Südamerika schon lange vor Ankunft der Spanier angebaut. Funde aus Gräbern weisen darauf hin, daß es bereits im 2. Jahrtausend v. Chr. Kartoffelanbau gab. Man fand kartoffelähnliche Gefäße als Grabbeigaben und ein– oder zwillingsknollige Nachbildungen mit menschlichen oder tierischen Gesichtszügen. Bei den Indianern hatten alle wichtigen Nutzpflanzen einen Geist, so war „Axomama" die Kartoffelmutter.

Einen Aufschwung erlebte der Anbau im 13. Jahrhundert, als die Inkas die Herrschaft übernahmen. In trockeneren Regionen wurden Bewässerungsanlagen gebaut, um die Kultivierung zu ermöglichen. Um den Titicacasee betrieben vor allem die Stämme der Quechua und der Aymara intensiven Kartoffelanbau. Bis heute dient ein Grabstock (Tacalla) als Hilfsmittel bei der Kartoffelkultivierung. Der größte Teil der Kartoffeln wurde durch Entwässern zu „Chuños" gemacht. Man legte sie in einer Höhe von 3000 bis 4500 Metern zehn bis zwölf Tage unzerkleinert auf Strohmatten und setzte sie der Witterung aus. Dadurch wurden sie weich und runzelig. Durch Kneten wurde aus ihnen das Wasser gepreßt; anschließend trocknete man sie in der Sonne. Schon im ersten nachchristlichen Jahrtausend dienten diese getrockneten Kartoffeln als Tauschmittel und wurden eigene Lagerhallen für Chuños gebaut.

In den Jahren von 1529 bis 1535 eroberte Pizarro das Inkareich. Auf der Suche nach Gold und Silber starben tausende Indianer in den Bergwerken. Die Hauptnahrung der Bergarbeiter bestand aus Chuños.

Die Kartoffelpflanze selbst wurde als exotisches Mitbringsel von den Spaniern nach Europa gebracht. Obwohl bekannt war, daß die Kartoffeln in ihrem Ursprungsgebiet als Nahrung dienten, blieben sie in Europa etwa 100 Jahre reine Zierpflanzen. Erst Ende des 16. Jahrhunderts fand der Anbau in Spanien große Beachtung.

Für England besagt eine Legende, Sir Francis Drake (1540-1596) habe die Kartoffel von Eingeborenen als Geschenk erhalten und mit nach England gebracht. Wahrscheinlicher ist es wohl, daß Sir Walter Raleigh (1552–1618) die Kartoffel in Irland eingeführte. Ob er die Pflanze direkt aus Südamerika oder von spanischen Schiffen hatte, ist unklar. Die Kartoffel erlangte in Irland schnell große wirtschaftliche Bedeutung, und schon 1662 half sie eine Hungersnot zu überwinden.
Auswandererfamilien nahmen die Kartoffel mit nach Nordamerika, Schweden und Rußland. In mehreren Schüben kam sie dann nach Deutschland und Österreich. Ende des 16. Jahrhunderts bekam Herzog Julius von Braunschweig–Wolfenbüttel Knollen vom englischen König. Um 1680 wird die Frucht im bayerischen Vogtland feldmäßig angebaut. Friedrich II., der „alte Fritz" (1712–1786), führte sie ein halbes Jahrhundert später in Pommern und Schlesien ein. 1745 ließ er in Preußen kostenlos Saatkartoffeln verteilen, die Akzeptanz in der Bevölkerung war aber gering. 1756 erging dann ein Befehl zum Anbau der Kartoffel, den Durchbruch schaffte die neue Pflanze aber erst im Siebenjährigen Krieg (1756–1763), angestoßen von Not und Hunger.

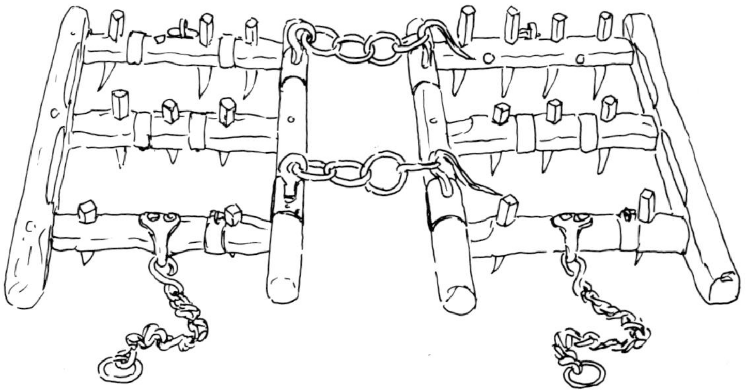

Kartoffeleggen wurden auch zum Kampf gegen das Unkraut eingesetzt.

Sehr früh ist der Kartoffelanbau in Oberfranken verbreitet. Die Aufnahme zeigt das Einackern der im Schuhabstand ausgelegten Kartoffeln mit einem Kuhgespann. Bei Münchberg um 1910.

Einige Zeit wurde der Topinambur, *Helianthus tuberosus,* ein Gewächs, das französische Siedler in Kanada von Indianern kennengelernt hatten und das zur gleichen Zeit wie die Kartoffel nach Europa kam, dieser vorgezogen. Der Topinambur ist kein Nachtschattengewächs, sondern gehört zur Gattung Sonnenblume. Die spindelförmigen Knollenverdickungen haben einen leicht nussigen Geschmack. Topinambur diente als Schnaps- und Futterkartoffel und erhielt deshalb im Volk den Namen Roß- oder Viehkartoffel. Topinambur wird heute noch angebaut, vor allem in Frankreich, Italien und Südbaden. Die Kartoffel aber setzte sich schließlich durch und wurde immer vielseitiger eingesetzt.

Eintopfgerichte

Kartoffeleintopf

750 g Kartoffeln, 250 g grüne Paprikaschoten, 2 gelbe Rüben, 1/4 Sellerieknolle, 500 g Zwiebeln, 50 g fetter, geräucherter Speck, Suppengrün, 1 1/2 l Brühe, 1/2 Becher saurer Rahm, 4 Kochwürste, Salz, Thymian, Pfeffer.

Kartoffeln schälen, waschen und würfeln. Die Paprikaschoten in Streifen schneiden. Gelbe Rüben und Sellerie schälen und in Scheiben schneiden. Den Speck würfeln und auslassen und die gewürfelten Zwiebeln darin goldgelb anrösten. Mit der heißen Fleischbrühe ablöschen und das Gemüse, die Kartoffeln, Suppengrün und Gewürze zugeben. Alles 30 Minuten kochen. Zehn Minuten vor Ende der Garzeit die in Scheiben geschnittene Wurst zugeben. Vor dem Servieren den sauren Rahm unterziehen.

Einfaches Kartoffelgulasch

1 kg Kartoffeln, 40 g Speck, 2–3 Zwiebeln, Salz, Paprika, 3/4 l Brühe, 30 g Mehl, 1/8 l saurer Rahm oder Buttermilch, Petersilie, Schnittlauch.

Kartoffeln schälen, waschen und in Würfel schneiden. Speck und Zwiebeln würfeln und dünsten. Kartoffelwürfel zugeben und mit Salz und Paprika würzen. Mit Brühe aufgießen und garen lassen. Wenn die Kartoffeln halb gar sind, Mehl mit sauren Rahm und etwas Wasser glattrühren und zugeben. Noch weitere 15 Minuten kochen lassen. Mit feingewiegter Petersilie und Schnittlauch bestreuen und servieren.

Kartoffelschnitz

6 große Kartoffeln, 4 gelbe Rüben, 1/4 Sellerieknolle, 3 Stangen Lauch, 2 Kohlrabi, 50 g Brechbohnen, 1 Teel. Kümmel, 1 Petersilienwurzel, 1 Bund Petersilie, 1 Lorbeerblatt, Majoran, 3 Brühwürfel, 1 kg Rinderknochen, 1 kg Suppenfleisch.

Die Knochen in kaltem Wasser aufsetzen und eine halbe Stunde kochen. Die Knochen herausnehmen und das Fleisch in die kochende Brühe geben und gar sieden. Dann das Fleisch herausnehmen und das gewaschene und geschnittene Gemüse hineingeben. Die anderen Zutaten zugeben und alles dünsten – das Gemüse sollte aber noch bißfest sein. Das kleingeschnittene Fleisch 15 Minuten vor dem Servieren wieder zur Suppe geben.
Gebackene Klöße schmecken sehr gut zu diesem Eintopf.

Kartoffeltopf

5 mittelgroße Kartoffeln, Salz, Kümmel, 150 g durchwachsener, geräucherter Speck, 40 g Mehl, 1 Zwiebel, 1 Knoblauchzehe, 1 Sträußchen Petersilie, 1 Prise Majoran, 150 g Wurst, 50 g Pilze, 1/8 l saurer Rahm, 1 Teel. Mehl, Schnittlauch.

Geschälte Kartoffeln kleinwürfelig schneiden, waschen, mit kaltem Wasser zustellen, mit Salz und Kümmel bestreuen und kernig weich kochen. In der Zwischenzeit den würfelig geschnittenen Speck in einer Pfanne auslassen und das Mehl darin goldgelb rösten. Zwiebel, Knoblauchzehe und Petersilie fein hacken; Pilze kleinschneiden und zugeben. Mit Majoran anschmecken. Alles nochmals gut rösten. Das Ganze mit dem Kochwasser der Kartoffeln und zirka einem Liter Wasser aufgießen, das Topfgericht nun langsam noch eine halbe Stunde kochen lassen. Gegen Schluß die vorgekochten Kartoffelwürfel beigeben. Zuletzt den mit Mehl verquirlten sauren Rahm in die kochende Speise einrühren. Nach nochmaligem tüchtigen Durchkochen mit Schnittlauch bestreuen und anrichten.

Würzburger Eintopf

1 Kohlrabi, 1 Zwiebel, 2 gelbe Rüben, 1/2 Sellerie, 1 kleiner Weißkrautkopf, 1 Blumenkohl, 500 g Kartoffeln, 2 Eßl. Schweinefett, 1 1/2 l Fleischbrühe, Salz, 1 Teel. Kümmel, weißer Pfeffer, 1 Teel. Majoran, Muskat, 1 Stange Lauch, 500 g Rinderbrust, 2 Eßl. gehackte Petersilie.

Kartoffeln und Zwiebeln schälen, waschen und würfeln. Gemüse putzen und ebenfalls zerkleinern. Alles in Fett kurz dünsten und mit der Brühe auffüllen. Kleingeschnittene Rinderbrust beigeben, würzen und auf kleiner Flamme etwa eine halbe Stunde garen lassen. Mit gehackter Petersilie bestreuen und servieren.

Kochen im offenen Feuerloch war bis Mitte des 20. Jahrhunderts ein übliches Verfahren. Im Hafen sind Kartoffeln; aber auch Eintopfgerichte oder Suppen können auf diese Weise zubereitet werden. Aufnahme von 1968 in Wolfsfeld in der Oberpfalz.

Wie die Kartoffel nach Nordbayern kam

Entgegen der landläufigen Meinung, der „Kartoffelkönig" Friedrich II. habe die Kartoffel in Deutschland eingeführt, weisen die frühesten Belege in das bayerische Vogtland. Und der Anbau mußte dort auch nicht „von oben" verordnet werden, sondern ist offensichtlich der eigenen Initiative der bäuerlichen Bevölkerung zu verdanken. Im Jahre 1647 brachte angeblich ein Bauer aus Selb die ersten Kartoffeln aus Böhmen mit und pflanzte sie im Garten an. Für den feldmäßig betriebenen Anbau finden sich Quellen um 1680 aus dem südlichsten Zipfel des Vogtlandes; um 1700 ist er auch im Norden und Osten erwähnt.

Auch aus der westlichen Nachbarregion, aus Pilgramsreuth bei Rehau, sprechen Belege von einem frühen Kartoffelanbau. Ab 1648 wurden dort erste Anbauversuche unternommen. Ähnliches gilt für das sogenannte „Sechsämterland", das Gebiet zwischen Schneeberg und der östlichen Grenze.

Daß gerade in den nordostbayerischen und angrenzenden Mittelgebirgen und gerade bei der dort verbreiteten kleinbäuerlichen Bevölkerung die Kartoffel viele Anhänger gefunden hat, muß nicht überraschen. Angesichts kleiner Ackerflächen waren die Betriebe weniger auf Getreidebau eingestellt, und auch der Boden eignete sich in dieser Mittelgebirgslandschaft vorzüglich zum Anbau der neuen Frucht. Wie in den südamerikanischen Gebirgsländern gedieh die Kartoffel bei geringen Ansprüchen auch in Höhenlagen, war ihr Anbau auch auf kleinen Flächen lohnend.

Im 18. Jahrhundert ist ein regionaler Durchbruch im Kartoffelanbau zu beobachten. Bald nach 1700 verbreitete sich der Anbau vom nordöstlichen Vogtland als Innovationszentrum auch ins Erzgebirge. 1712 ist er aus der Annaberger, 1722 aus der Freiberger Gegend bezeugt. Um 1730 war im Erzgebirge angeblich eine „gewaltige Menge dieses Gewächses erbaut" worden, das in den zahlreichen Städten Absatz fand. Für die Vermittlung und Verbreitung haben Beamte und Pfarrer gesorgt; letztere, die von der Kanzel herab den Anbau der neuen Frucht vertraten, handelten sich dafür die spöttische Bezeichnung „Knollenprediger“ ein. Als „vogtländische Knollen“ traten Kartoffeln ihren Weg nach Sachsen und nach Norden ins Mecklenburgische an. In dieser Zeit gelang ihnen auch in den ertragsärmeren Hochflächen des Odenwaldes der Durchbruch, im Gebiet der Grafschaft Erbach, der Herrschaft Breuberg und in den Orten des Mainzer Oberstiftes bald nach 1700, wenig später dann im vorderen Odenwald und an der Bergstraße, ohne daß dirigistische Maßnahmen erkennbar sind.

Mit den Krisen und Hungersnöten des 18. Jahrhunderts wurde vielen Menschen der Wert der Kartoffel klar. „...sogar Erdbirn“ – heißt es in einem Bericht von 1770 – „welche sonsten nur von armen Leuten verspeiset oder dem Viehe zum Futter gegeben worden, siehet man jetzo zu dieser elenden Zeit, in vornehmen Häusern und von zärtlichen Personen essen...“. Aus Unterfranken verlautet: „Der so äußerst nützliche Bau der Kartoffel verdankt seine Entstehung dem Elende, welches die theueren Getreidejahre von 1770 allenthalben in ihrem Gefolge hatten...“ In Mittelfranken scheint Jahre später in einem Anschreibbuch die Erkenntnis auf: „Weil aber daß Getreyd 1817.te Jahr so wenig gewachsen ist und die Erdbirn wohl gerathen sind so sind die Erdbirn häufig in das Mehl gemenget worden und wurde Gutes Brod davon gebacken...“ Und im Intelligenzblatt von Oberfranken wird 1843 rückblickend berichtet, daß seit dem Jahre 1771, dem „letzten wahren Hungerjahre“, der Kartoffelbau im Großen begonnen habe. Seit Mitte des 18. Jahrhunderts begann der Siegeszug der Kartoffel, ist eine regionale Konsolidierung zu beobachten. In den Gebieten, wo sie um 1700 bereits vorhanden war, hat sie sich weiter verbreitet, in traditionellen Getreideanbaugegenden hingegen konnte sie kaum Fuß fassen.

Als fortschrittshemmender Faktor gilt das funktionierende und ausbalancierte System des Feldbaus. Bei dominanter Dreifelderwirtschaft waren in Bayern zwei Drittel der Fluren im allgemeinen mit Getreide bestellt, während das restliche Drittel entweder brach lag oder zu einem geringen Teil mit Klee, Flachs, Hanf, Futterrüben oder auch Kartoffeln bebaut wurde. Auf dem Weg zur Fruchtwechselwirtschaft mußte die Brachebebauung aufgegeben werden, und dem wiederum standen strukturelle Hemmnisse wie die besonders in Mittelfranken und im nördlichen Schwaben verbreitete Schafhaltung auf großen Flächen entgegen, welche die Brache als Futterreservoir zur Voraussetzung hatte. Im nördlichen Bayern war die Brachebebauung ohnehin weiter fortgeschritten als im Süden, weil die Versorgungslage der kleinen Betriebe diesen Fortschritt notwendig gemacht hat. „Aber wie würden die Gebürgs Bewohner bestehen können", überliefert eine „Schilderung des Zustandes der Landwirtschaft auf dem Gebürge, besonders in der Gegend von Wunsiedel" aus dem Jahr 1805, „wenn sie nicht statt der einen Brache, Kartoffeln ihr Haupt Nahrungsmittel und das was ihren Viehstand bey der außerdem dürftigen Fütterung erhält anbauten. Diese allen Gegenden höchst schätzbare Frucht, welche nach dem Pfluge gelegt und mit ihm bearbeitet wird, ist ihnen [den Bewohnern] ganz unentbehrlich, und ihr Mißraten, ist ein größeres Unglück als wenn das Getreide mißrät."

Für die 60er Jahre des 19. Jahrhunderts steht als beschreibende Quelle die „Landes- und Volkskunde des Königreichs Bayern" zur Verfügung, die *Bavaria,* erschienen für die verschiedenen Regierungsbezirke. Oberpfalz und Oberfranken sind, den Bescheibungen gemäß, in dieser Zeit noch die Gebiete mit weitverbreitetem Kartoffelanbau. „Kartoffeln werden in namhafter Ausdehnung in nahezu allen Gegenden der Oberpfalz gebaut", heißt es, um dann fortzufahren: „Trägt ja der Regierungsbezirk von dem ausgedehnten Anbau dieser Frucht den Namen des Kartoffellandes. Die Kartoffeln bilden in den ärmeren Distrikten ein Hauptnahrungsmittel für den Menschen...".

Für Oberfranken berichtet die *Bavaria,* daß der „Kartoffelanbau...eine größere Ausdehnung [hat], als der Menschenfreund wünschen kann, denn er beweist theils die einförmige und weil ohne nahrhaften Zusatz unkräftige Ernährungsart der Einwohner, theils das Bedürfniß nach dem daraus herzustellenden Branntwein. Es ist wohl die größere Hälfte der Fluren zum Anbau der Kartoffel verwendet, was zu dem wenig freundlichen Ansehen der Gegenden beiträgt, indem nur kurze Zeit im Jahre die grüne und nun noch dazu dunkle Farbe auftreten kann. (...) Sie werden gewöhnlich im Wechsel mit Rüben und Kraut gebaut..." Insgesamt wird für Oberfranken von 12% der zum Ackerbau genützten landwirtschaftlichen Fläche gesprochen, auf der Kartoffeln kultiviert werden (zum Vergleich: Kornfrüchte 61%, reine Brache 18%). Dabei sind die Verhältnisse regional verschieden: „Das mit Erdäpfeln bestockte Land verhält sich zum gesammten Getreidland im Wunsiedler Bezirke wie 1:3,2, im Bernecker wie 1:4 (im Bayreuthischen wie 1:5,5, um Culmbach wie 1:7)." „Das Kartoffelland ist von ansehnlichem Umfange, namentlich in den Distrikten von Pottenstein und Gräfenberg, wo es nahezu den sechsten Theil der mit Kornfrüchten bestellten Gesammtfläche einnimmt. Weniger stark ist der Kartoffelbau um Ebermannstadt, beträchtlich geringer um Hollfeld." Aus anderen Quellen wird berichtet, daß für das innere Fichtelgebirge der Kartoffelbau „besonders typisch" ist, weil er dort besonders gut gerät. „Er wird dort z. T. mit über ein Fünftel der Ackerfläche auch übertrieben. (...) Ein weiteres natürliches Anbaugebiet ist der Frankenwald, wo das „kleine Volk ohne den Kartoffelbau überhaupt in den Berggegenden nicht existent wäre". Teuschnitz hat innerhalb seiner Koppelwirtschaft ein Viertel des Pfluglandes in Kartoffeln genutzt, Bayreuth, Stadtsteinach, Kulmbach, Lichtenfels, Staffelstein bauen durchschnittlich ein Sechstel bis ein Viertel damit an... Im Juragebiet ist der Anbau in Zunahme, weil man seinen Wert erst erkannt hat. Das Bamberg–Forchheimer Land ist dagegen schon sehr damit vertraut. In den Sandlagen verlegt man sich schon wie die Bamberger Gärtner auf frühreife Kartoffeln."

Im oberfränkisch–oberpfälzischen Raum scheinen die Erträge so hoch gewesen zu sein, daß Kartoffeln u. a. nach Norddeutschland exportiert werden konnten. Der Jahresbericht des landwirtschaftlichen Vereins in Bayern von 1879 berichtet, daß „aus dem Bezirke Eschenbach [Oberpfalz] etwa 400 Wagenladungen à 200 Ztr. nach Norddeutschland, Belgien und England verfrachtet [worden sind]. Aus dem Bezirke Weiden [Oberpfalz] wurden erhebliche Mengen von Kartoffeln ausgeführt." 1880 ist in der gleichen Reihe vom Export wiederum nach Nordeutschland, dann ins Allgäu und das oberbayerische Gebirge die Rede; 1884 werden Verkäufe nach mittel- und oberfränkischen Städten und nach Sachsen erwähnt. Besonders auch Saatkartoffeln fanden ihren Absatz von Oberfranken nach Frankreich, England, Belgien und Holland, was insbesondere den Fichtelgebirgs-Produzentenvereinen zugute kam.

Kartoffel-Legen in die aufgeworfenen Furchen bei Lehrberg in Mittelfranken. Aufnahme um 1962.

In Unterfranken mit seinem weitverbreiteten Getreideanbau – Getreide wird als wertvollere Frucht interpretiert – hatte die Kartoffel naturgemäß nicht überall eine große Chance zur Ausbreitung. Nur in den ärmeren Gegenden war sie zuhause. „Die Bewohner der rauhen Gegenden, wie des Speßhartes, der Rhön, des Steigerwaldes sind eben, wie wir das bei der Betrachtung des Fichtelgebirges erwähnt haben, vorzugweise auf die Cultur dieser Pflanzen hingewiesen." Um 1866 dürfte der Umfang des Kartoffelanbaus nach den – statistischen Regeln allerdings nicht genügenden – Angaben der *Bavaria* um die 9% des landwirtschaftlich genutzten Bodens betragen haben.
In Mittelfranken ist die Kartoffel um 1860 nur sehr verstreut verbreitet gewesen. Abgesehen vom Schwabacher und Nürnberger Raum erwähnt sie die *Bavaria* in den höheren Lagen der Eichstädter Alb zwischen Altmühl und Anlauter, auf den Höhenäckern südlich der Altmühl, in der Sandgegend um Wassertrüdingen, im südlichen Wörnitzer Gebiet, um Leutershausen, „um Rothenburg hat der Kartoffelbau die Rebe großentheils verdrängt", dann in den sandigen Gegenden im Ansbacher Raum, im Zenngrund und im Gebiet der oberen Pegnitz. Eine Denkschrift von 1860 betont besonders die Gegend um das Kloster Heilsbronn, die durch Ausdehnung des Kartoffelbaus ausgezeichnet sei. „Namentlich auch Frühkartoffeln werden hier in großer Ausdehnung gebaut. Ebenso um Dinkelsbühl, von wo aus viele Kartoffeln nach Württemberg gehen, und um Gunzenhausen, wo man in den Sorten wählerisch ist." Auf nur gut 7% der mittelfränkischen Ackerfläche werden Kartoffeln angebaut, das ist ein geringerer Prozentsatz als in Unterfranken. Der Tendenz nach wird auch in Mittelfranken der Kartoffelbau ansteigen.

Herzhafte Gerichte

Bauernomlett

800 g festkochende Kartoffeln, 250 g gekochte Kaldaunen (Pansen, in manchen Gegenden als Kutteln oder Sulz bekannt), 1/8– 1/4 l Weißwein, 2 Eßl. Schmalz, 1 große Zwiebel, Salz, Pfeffer, Muskat, 4 Eier, Schnittlauch, Petersilie.

Kartoffeln kochen, schälen und in Scheiben schneiden. Geschnittene Kutteln in Weißwein zehn Minuten dämpfen – sie müssen gut weich sein. Zwiebelwürfel in Schmalz dünsten, dann die Kartoffeln und die Kutteln zugeben und alles rösten. Mit den Gewürzen abschmecken. Eier mit den gehackten Kräutern mit einer Gabel kräftig durchschlagen, über dem Pfanneninhalt verteilen und stocken lassen.

Bauernpfanne

750 g Kartoffeln, 500 g grüne Bohnen, 8 Eier, 150 g durchwachsener Speck, 4 Eßl. Milch, 125 g gekochter Schinken, gehackte Petersilie.

Kartoffeln kochen, schälen, in Scheiben schneiden und auskühlen lassen. Bohnen in Salzwasser weichkochen. Speck in Würfel schneiden und in einer Pfanne auslassen. Kartoffeln darin anrösten und die abgetropften Bohnen zugeben. Eier mit Milch verquirlen, gewürfelten Schinken hineingeben und mit Salz abschmecken. Über den Pfanneninhalt gießen und stocken lassen.
Mit gehackter Petersilie bestreuen und servieren.

Datscher

15 g Hefe, etwas Milch, 500 g Mehl, 125 g Butter oder Schmalz, 200 g Kartoffeln, 50 g Butter, 4–5 Eßl. Sauerrahm, Salz, Kümmel.

Vorteig: Hefe zerbröckeln, lauwarme Milch und etwas Mehl zugeben, gut verrühren und 30 Minuten gehen lassen. Fett, Kartoffeln, restliches Mehl und den Vorteig zu einem Teig verkneten. Einen dünnen, tellergroßen Fladen auswellen.
Mit Butter und Rahm bestreichen, Salz und Kümmel darüberstreuen. Im Backofen bei 225 Grad knusprig backen.

Fränkischer Kartoffelauflauf

1 kg Kartoffeln, 1 Bund Frühlingszwiebeln, 1 Bund Schnittlauch, 500 g Topfen, 4 Eier, 2 Eigelb, 1 Prise Salz, weißer Pfeffer, 1 Teel. gemahlener Kümmel, 2 Eßl. Hefewürzflocken, 1 Prise Muskat, 1/4 l Rahm.

Die Kartoffeln waschen und schälen. In Viertel schneiden und in Salzwasser gar kochen. Die Frühlingszwiebel in Ringe schneiden und den Schnittlauch wiegen. Den Topfen mit den Eiern und dem Eigelb vermengen und mit den Gewürzen abschmecken. Kartoffeln und Zwiebeln mischen und mit Salz und Pfeffer abschmecken. Dann in eine feuerfeste, gefettete Form geben.
Mit dem Rahm begießen und die Topfenmasse daraufgeben. 30 bis 40 Minuten bei 200 Grad backen.

Gebackene Doppelbrote

Brot, Margarine, Senf, Käse, saurer Rahm, Kartoffeln, Ei, Salz, Pfeffer, Muskat. Als Brotbelag: Wurst, Fleischreste, Eischeiben....

Brot in ein Zentimeter dicke Scheiben schneiden. Margarine und Senf schaumig rühren und auf die Brotscheiben streichen. Immer zwei Brotscheiben (mit Aufstrich nach oben) aufeinan-

derlegen. Die oberste mit einem beliebigen Belag versehen. Aus geriebenem Käse, saurem Rahm, geriebener kalter Kartoffel und Ei eine streichfähige Masse rühren. Mit Salz, Pfeffer und Muskat abschmecken und dick über den Brotbelag streichen.
Brote auf ein Backblech setzen und 20 Minuten knusprig überbacken.

Gefüllte Erdäpfel

Bratenreste, Zwiebel, Butter, saurer Rahm, Salz, Ei, Kartoffeln.

Zwiebelwürfel in Butter dünsten. Fein geschnittene Bratenreste dazugeben, gut dünsten und abkühlen lassen. Rahm mit Ei und etwas Salz vermengen und zugeben. Kartoffeln kochen, schälen und aushöhlen. Die ausgeschabten Kartoffelstückchen zur Masse geben. Kartoffeln mit dieser Masse füllen und in eine mit Fett ausgestrichene Kasserolle setzen. Mit Butter und Rahm bestreichen und bei Oberhitze backen.

! Kartoffeln höhlt man am besten mit einem Löffel aus.

Gefüllte Kartoffelpflanzel

Kartoffelteig nach Grundrezept herstellen (S. 37). 75 g Mettwurst, 1 Zwiebel, Petersilie, 1 Eßl. saurer Rahm, 3 Eßl. Fett.

Aus dem Kartoffelteig eine etwa acht Zentimeter dicke Rolle formen und ein Zentimeter dicke Scheiben abschneiden. Aus Wurst, gewiegter Zwiebel, Petersilie und Rahm eine geschmeidige Masse herstellen. In die Mitte jeder Scheibe etwas von der Masse geben, ein zweite Scheibe drauflegen und die Ränder gut festdrücken. In Fett auf beiden Seiten knusprig braten.

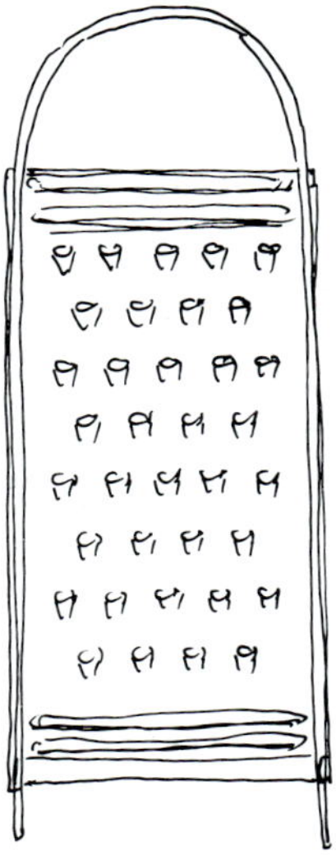

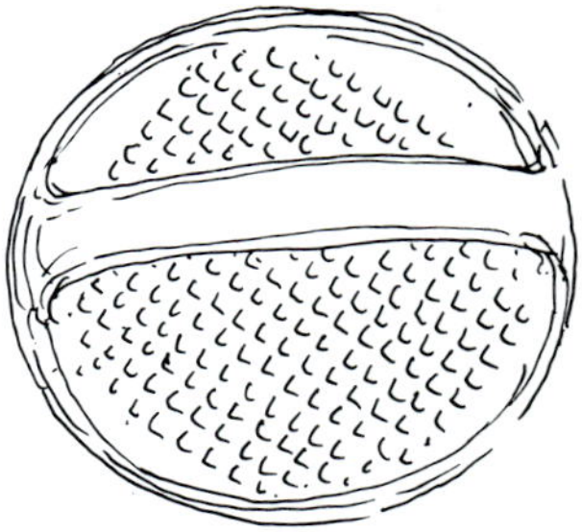

Geröstel

5 Pellkartoffeln, 2 Zwiebeln, 150 g roter Preßsack, 150 g weißer Preßsack, 150 g Leberwurst, 2 Gewürzgurken, 6 Eier.

Kartoffeln schälen, in dünne Scheiben schneiden und mit Zwiebelwürfeln in der Pfanne anrösten. Wurst und Gurken ebenfalls würfeln und zugeben. Eier verquirlen, darübergeben und gut stocken lassen.

Goaßbratl

1 kg Kartoffeln, Salz, Pfeffer, Milch oder süßer Rahm.

Rohe geschälte und geriebene Kartoffeln mit Salz und Pfeffer würzen und in eine gefettete, feuerfeste Auflaufform geben. Mit Milch oder Rahm übergießen. Dann alles bei guter Hitze backen. Vor dem Servieren noch etwas Milch zugeben, denn es soll saftig auf den Tisch kommen. (Dieses Gericht stammt aus der Oberpfalz).

Herzhafte Kartoffelfladen

250 g Kartoffeln (mehlig kochend), 1/8 l Milch, 15 g Hefe, 500 g Mehl, 1 Ei, 125 g Butter, 1 Teel. Salz, 1/2 Teel. Kümmel, 1 Becher Sauerrahm.

Kartoffeln kochen, durchdrücken und abkühlen lassen. Mehl, Ei, Butter, Salz und Hefe zugeben und zu einem Teig verkneten. Diesen gehen lassen. Dann eine Rolle von etwa fünf Zentimetern Durchmesser formen und zwei Zentimeter dicke Scheiben abschneiden. Die Scheiben mit dem Handballen auf etwa einen Zentimeter flachdrücken und mit flüssiger Butter bestreichen. In die Mitte einen Teelöffel Sauerrahm geben und mit Kümmel bestreuen. 20 Minuten bei 220 Grad backen. Ergibt 25 Stück.

Käsekartoffeln

4 große Kartoffeln, 500 g geriebener Käse, 1 feingehackte Zwiebel, 4 Eßl. gehackte Petersilie, 1/2 Teel. Paprika, 1/8 l Süßrahm, 3/8 l Milch, Salz, Pfeffer, Fett.

Die Kartoffeln schälen und in dünne Scheiben schneiden. Salzen, pfeffern und in eine gefettete Auflaufform eine Lage Kartoffeln geben. Vom Käse etwa vier Eßlöffel wegnehmen, den Rest mit der gewürfelten Zwiebel, Petersilie und Paprikapulver mischen. Einen Teil der Masse über die Kartoffeln in der Form geben, eine weitere Schicht Kartoffeln daraufgeben, eine Schicht Käsemasse darüber und so weiter – als letzte Schicht Kartoffeln nehmen. Zum Schluß Rahm und Milch darübergießen und zehn Minuten im Backofen überbacken.
Den restlichen Käse darüberstreuen und 60 Minuten fertig backen.
Dazu: Tomatensoße.

! Falls der Käse zu schnell dunkel wird, mit Backpapier abdecken.

Kartoffelgulasch

800 g Kartoffeln, 2 Zwiebeln, 100 g Speck, 2 Eßl. Öl, 1 Teel. Paprikapulver, Tomatenmark, 1 Eßl. Weinessig, 1 Teel. Thymian, 1/2 l Brühe, 1 Bund Schnittlauch, 4 Paar Wiener, 4 Eßl. Rahm, Salz, Pfeffer.

Kartoffeln, Speck und Zwiebeln würfeln. Speck und Zwiebeln in Öl andünsten, vom Feuer nehmen und das Paprikapulver zugeben. Tomatenmark, Essig und Thymian einrühren, dann die Kartoffeln untermischen und mit der Brühe aufgießen, so daß die Kartoffeln bedeckt sind. Bei schwacher Hitze zugedeckt 20 Minuten schmoren lassen. Zum Schluß Würstchen, Rahm und gewiegten Schnittlauch zugeben und mit Salz und Pfeffer abschmecken.

Kartoffelkuchen

200 g Kartoffeln, 150 g Butter, 500 g Mehl, 2 Eier. Für den Belag: 200 g Kartoffeln, 300 g Speck, 1 Teel. Kümmel, Salz, 3 Eier, 1/4 l saurer Rahm, 3 Zwiebeln.

Gekochte Kartoffeln reiben und mit Butter, Eiern und Mehl zu einem festen Teig verkneten. Den Teig dünn auswellen. Für den Belag Kartoffeln kochen und reiben. Zwiebelwürfel dämpfen, Speckwürfel anrösten und mit den Kartoffeln vermengen. Sauren Rahm, Kümmel, eine Prise Salz und die Eier unterrühren. Die Masse auf den Teig streichen und bei guter Hitze knusprig backen.

Kartoffelpfanne mit Ei

800 g Kartoffeln, 3 gelbe Rüben, 2 Zwiebeln, 2 Tomaten, 2 Eßl. Schweineschmalz, 150 g durchwachsener Speck, Salz, Pfeffer, 4 Eier, 20 g Butter, 1 Bund Basilikum.

Kartoffeln und gelbe Rüben schälen und würfeln. Zwiebeln in Ringe schneiden. Tomaten und Speck ebenfalls würfeln.

Speckwürfel in heißem Schweineschmalz auslassen und die Kartoffelwürfel darin anbraten. Gelbe Rüben zugeben und zehn Minuten mitbraten. Tomaten und Zwiebeln zufügen und mit Salz und Pfeffer würzen. Eier in einer Pfanne in Butter braten und auf die Kartoffelpfanne setzen. Mit Basilikumblättern garnieren und servieren.

Kartoffelpfanne

700 g gekochte Kartoffeln, etwas Fett, 200 g Fleischwurst, 500 g Sauerkraut, Salz, Pfeffer, Wacholder.

Kartoffeln schälen, würfeln und in etwas Fett anbraten. Wurst in Scheiben schneiden und auch seitlich etwas einschneiden, damit sie sich nicht wellen und auf beiden Seiten in Fett anbraten. Kartoffeln und Sauerkraut zugeben. Alles zehn Minuten dünsten und mit Salz und Pfeffer abschmecken.

i Der Wacholderstrauch wird etwa 1,5 bis 1,8 Meter hoch und ist sehr stachelig. Man unterscheidet weibliche und männliche Pflanzen, nur die weiblichen tragen Beeren. Stets findet man Beeren unterschiedlicher Reifegrade an einem Strauch, da diese drei Jahre zum Ausreifen benötigen. Die blauen, reifen Beeren können im Herbst geerntet werden. Wacholder ist bei Krautgerichten ein unentbehrliches Gewürz.

Kartoffelpfanne mit Emmentaler

750 g Kartoffeln (festkochend), 150 g Zwiebeln, 1 Knoblauchzehe, 50 g Emmentaler, 1 Messerspitze Kümmel, Pfeffer, Salz, 4 Eier, 1/2 Becher Rahm, Petersilie, Fett.

Kartoffeln kochen, schälen, in Scheiben schneiden und in eine gefettete Auflaufform geben. Eier, Rahm, gewürfelte Zwiebel, Knoblauch und gehackte Petersilie verrühren und über die Kartoffeln geben. Das Ganze mit geriebenem Käse bestreuen und im Backofen knusprig überbacken.

Kartoffelpfannkuchen

500 g Kartoffeln, 1/4 l Milch, 3 Eßl. saurer Rahm, 6 Eier, 6 Eßl. Mehl, Salz, Pfeffer, Muskat, 4 Eßl. Butter, 1 Bund Schnittlauch.

Gekochte, durchgedrückte Kartoffeln (am besten vom Vortag) in heiße Milch geben. Rahm, Eier, Mehl und Gewürze vermengen und zu der Kartoffelmasse geben. Etwas Butter in einer Pfanne zerlassen, den Teig dünn hineingeben und auf beiden Seiten backen. Nach Belieben gewiegten Schnittlauch auf die Pfannkuchen geben.
Wer sie lieber süß will, sollte etwas Zucker oder Sirup in den Teig geben. Dazu ißt man Apfelmuß oder Preiselbeeren. Alternativ kann man die Pfannkuchen auch mit Gemüse füllen.

Kartoffelschichtspeise

750 g Kartoffeln, 500 g Sauerkraut, Wacholder, Wurstreste, 1/2 l Brühe, Fett.

Gekochte Kartoffeln schälen, in Scheiben schneiden und abwechselnd mit dem Sauerkraut, ein paar Wacholderbeeren und den Wurstresten in eine gefettete Form schichten. Als oberste Lage Kartoffeln einschichten. Mit der Brühe übergießen und nach Belieben noch mit Speck belegen.
Alles eine halbe bis eine dreiviertel Stunde überbacken.

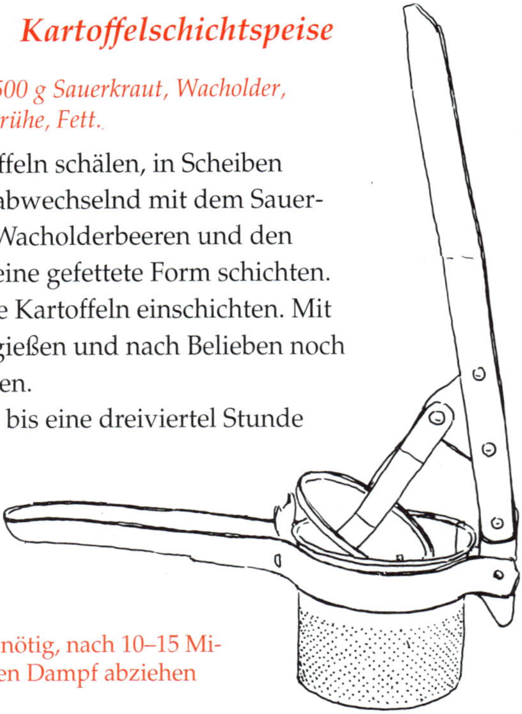

! Für eine Kruste bei gebackenen Kartoffeln ist eine starke Backhitze nötig, nach 10–15 Minuten aber den Dampf abziehen lassen.

Kartoffel–Spinat–Pudding

1½ kg Kartoffeln, 2 Eier, 2 Eßl. Mehl, Muskat, Salz, 1 Eßl. Schmalz, 250 g Spinat, Petersilie.

Kartoffeln kochen, schälen und durchdrücken. Eier, Mehl, Salz, zerlassenes Fett und Muskat dazugeben und gut verrühren. Die Masse teilen und in eine Hälfte den gehackten Spinat geben. In eine gefettete Puddingform fürs Wasserbad erst die Kartoffel–, dann die Spinatmasse geben. Im Wasserbad 50 bis 60 Minuten kochen und dann mit einer Kräutersoße oder Bechamelsoße anrichten.

Kartoffelteig, Grundrezept

1 kg Kartoffeln, 80–150 g Mehl, Salz, 1–2 Eier.

Kartoffeln kochen, durchpressen und abkühlen lassen. Kartoffelmasse mit Mehl, Eiern und einer Prise Salz zu einem festen Teig verkneten.

! Der Teig muß sofort verwendet werden, da er sonst weich wird. Wenn der Teig zu weich ist, anstelle des Mehls Stärkemehl verwenden.

Kartoffelwaffeln

750 g rohe Kartoffeln, 1 Zwiebel, 150 g Mehl, 100 g Wammerl, ½ Tasse Brühe, 5 Eier, 1 Teel. Salz, Pfeffer, Muskat, Schnittlauch, Petersilie.

Die Kartoffeln und die Zwiebeln reiben, das Wammerl zu kleinen Würfeln schneiden und die übrigen Zutaten zugeben. Alles gut verrühren und Teig portionsweise in einem heißen Waffeleisen goldbraun backen.

Kartoffel–Zwiebel–Maultaschen

Grundrezept Kartoffelteig. Fülle: 150 g Speck, 4 große Zwiebeln, Petersilie, Zwiebelröhrchen, 1/8 l saurer Rahm, Fett.

Kartoffelteig zu einer dicken Rolle formen und dicke Scheiben abschneiden. Die Scheiben tellergroß und messerdick ausrollen. Mit Fett bestreichen und die Speck–Zwiebelfülle daraufgeben. Fülle: Speck und Zwiebeln in Würfel schneiden und dünsten. Petersilie und Zwiebelröhrchen wiegen und zugeben. Rahm untermengen und alles gut vermischen. Die Teigplatte zusammenklappen und die Ränder festdrücken – am besten mit einem Kochlöffelstiel. In einer Auflaufform eine dreiviertel Stunde bei guter Hitze backen. Dazu Sauerkraut oder Salat.

Katzenköpfe

500 g mehlige Kartoffeln, 1 Zwiebel, 100–150 g Mehl, 200 g Krakauer (oder gerauchte Schinkenwurst), Salz, Pfeffer, Majoran.

Kartoffeln kochen und durchpressen. Der Masse Mehl und Eier zugeben. Zwiebeln und Wurst würfeln und anbraten. Den Kartoffelteig dazugeben und gut durchmischen. Mit den Gewürzen abschmecken und in heißem Fett Küchlein ausbacken.

Lauchkartoffeln

1 kg Lauch, 1 kg Kartoffeln, Salz, Rosenpaprika, 100 g Speck, 1/2 l Brühe, Petersilie.

Rohe Kartoffeln schälen, Lauch putzen und beides in dicke Scheiben schneiden. Speck würfeln und in einem Topf dünsten. Lageweise in einem Topf Speck, Kartoffeln und Lauch schichten. Das ganze mit der kochenden Brühe aufgießen, mit Salz und Paprika bestreuen und eine dreiviertel Stunde dünsten. Vor dem Servieren gehackte Petersilie darübergeben.

Milchkartoffeln

1 kg Kartoffeln, 30 g Speck, 40 g Mehl, 2 Zwiebeln, 1/4 l Brühe, 1/2 l Milch, Salz.

Gekochte Kartoffeln schälen und in Scheiben schneiden. Aus ausgelassenen Speckwürfeln, Mehl und gewürfelten Zwiebeln eine Einbrenne herstellen. Mit Brühe und Milch auffüllen. Eine viertel Stunde kochen lassen und dann die heißen Kartoffelscheiben dazu geben.
Man kann alles auch in eine Auflaufform geben und überbacken.

Pilzkäsekartoffeln

1 kg Kartoffeln, 150 g Pilzkäse, 1 Zwiebel, 2 Eigelb, 1/2 l Milch, 2 Eßl. Rahm, 2 Eßl. Butter, 1/2 Teel. Thymian, Pfeffer, Salz.

Kartoffeln kochen, schälen, in Scheiben schneiden, mit den Gewürzen vermischen und in eine gefettete Auflaufform geben. Zwiebeln würfeln, 100 Gramm Käse in Würfelchen, Milch, Eigelb und Rahm gut verrühren und unter die Kartoffeln ziehen. Obendrauf restlichen Käse und Butterflocken geben. Bei 200 Grad goldgelb backen.

Saure Schnitz

1 kg Kartoffeln, 2 Stangen Lauch, 1 mittleres Stück Rauchfleisch, 2–3 Eßl. Essig, Majoran, 1 Prise Zucker.

Kartoffeln schälen, waschen und in kleine Stücke schneiden. Den Lauch putzen und ebenfalls kleinschneiden. Lauch, Kartoffeln und Rauchfleisch knapp mit Wasser bedeckt zusetzen und kochen. Mit Majoran, Essig und Zucker abschmecken.

Schlipfkrapfen

300 g Mehl, 2 Eier, Salz, 2–4 Eßl. Wasser. Füllung: 5 gekochte, geriebene Kartoffeln, 2 Eier, Schnittlauch, Petersilie, 1 feingeschnittene Zwiebel, 1 Knoblauchzehe, Schinken, Salz, Pfeffer, Muskatnuß.

Einen festen Nudelteig herstellen und dünn auswellen. Runde Teigstücke von etwa sechs Zentimeter Durchmesser ausstechen. Die Zutaten der Fülle gut vermengen und auf den Teig geben. Zusammenklappen und die Ränder gut festdrücken. In kochender Brühe fünf Minuten kochen lassen und dann noch zehn Minuten ziehen lassen. Butter und geröstete Zwiebelringe darübergeben.

Topfkuchen

1 1/2 kg Kartoffeln, 1 Ei, 1 alte Semmel, 1 Tasse Milch, 250 g Speck, 2 Zwiebeln, 2 Eßl. Öl, Pfeffer, Salz, Muskat.

Die Semmel in die heiße Milch legen und dann auspressen. Speck in Würfel schneiden und im Öl in einer Pfanne auslassen. Rohe, geriebene Kartoffeln, würfelig geschnittene Zwiebeln, Semmel und Milch zugeben. Mit Pfeffer, Salz und Muskat würzen. Die Masse gut verrühren und in einen Topf geben. Den Topf ohne Deckel in den Backofen stellen und bei 200 Grad etwa zwei Stunden backen.

Zwiebelfleck

500 g Kartoffeln, 150 g breite Nudeln, 300 g geräuchertes Bündle, 2–3 Zwiebeln, Salz, Pfeffer.

Kartoffeln und Nudeln kochen. Zwiebel und Bündle in Würfel schneiden. Zwiebel anbräunen und mit dem Bündle gut durchbraten. Kartoffeln schälen und in Scheiben schneiden. Nudeln abgießen und über die Kartoffeln geben. Mit Salz und Pfeffer würzen. Die Zwiebeln und das Bündle zugeben.

Tips

- Bei in Fett ausgebackenen Speisen nur wenige Teile auf einmal backen, da sonst das Fett abkühlt und sich die Speise mit Fett vollsaugt. Die richtige Temperatur des Fettes (180 Grad) ist erreicht, wenn an einem hineingetauchten Holzlöffelstiel Bläschen aufsteigen.
- Gekochte Kartoffeln lassen sich leichter schälen, wenn man sie kurz mit kaltem Wasser überbraust.
- Braune Flecken auf Kartoffeln verschwinden, wenn dem Kochwasser etwas Essig zugegeben wird – Kartoffeln nehmen keinen Essiggeschmack an.
- 500 Gramm Kartoffeln entsprechen etwa zehn kleinen, fünf mittelgroßen oder zwei großen Kartoffeln.
- Milch oder Essig im Kochwasser verbessert den Geschmack von alten Kartoffeln. Wenn sie schrumpelig sind, vorher einige Stunden in kaltes Wasser legen.
- Angefrorene Kartoffeln haben einen leicht süßlichen Geschmack, der zurückgeht, wenn man sie einen Tag in kaltes Wasser legt.
- Zu viele auf Vorrat geschälte Kartoffeln legt man in eine verschließbare Schüssel und gibt Wasser, das mit etwas Essig versetzt ist darüber, so daß die Kartoffeln bedeckt sind. So lassen sie sich leicht bis zu vier Tagen im Kühlschrank aufbewahren.
- Über heiße Kartoffeln ein Tuch legen, das den Wasserdampf aufsaugt, so werden sie beim Abkühlen durch den Dampf nicht weich.
- Rohe Kartoffeln lassen sich besser schneiden, wenn man das Messer hin und wieder in kochendes Wasser taucht. Für feine Scheiben kann man auch einen Gurkenhobel nehmen.
- Gekochte Kartoffeln lassen sich mit einem Eierschneider schnell in Scheiben schneiden.
- Frisch gekochte Kartoffeln sind am leichtesten verdaulich.
- Beim Kochen in Salzwasser werden Kartoffeln nicht so ausgelaugt.
- Rohe Kartoffeln erst kurz vor der Verarbeitung dünn schälen, da die meisten Mineralstoffe und das Eiweiß direkt unter der Schale liegen.
- Kartoffeln besser dämpfen als kochen.
- Kartoffeln möglichst immer mit der Schale kochen, da so wichtige Inhaltsstoffe erhalten bleiben.
- Kartoffeln, deren Stärke gut aufquellen soll, z.B. zu Kartoffelbrei, Klößen oder Suppen, in kaltem Wasser zusetzen, Kartoffeln die nicht zerfallen dürfen, z.B. zu Salaten, in kochendem Wasser zusetzen.
- Keimansätze und grüne Stellen an Kartoffeln immer gründlich ausschneiden, da sich hier giftige Substanzen gebildet haben.

Nahrung und Ernährung

Die Kartoffel war, als sie in Nordostbayern heimisch wurde, kein Notnahrungsmittel und hatte auch (noch) nicht das Image einer Armen- und Hungerspeise. Ihre Karriere begann – wie überhaupt in Europa – als experimentelle und exotische Pflanze an Fürstenhöfen, in Gärten von Apothekern und Naturforschern. Beispielsweise in dem Hausbuch des Apothekers Michael Walburger aus dem oberfränkischen Hof ist Mitte des 17. Jahrhunderts (!) von Kartoffeln im Zusammenhang mit festlichen Speisen die Rede. Da heißt es anläßlich einer Einladung von Bürgermeistern und Ratsmitglieder 1659 *Ein gebraten Auerhan, Ertapffeln, gesoten vörder lambvirtel, Ruppenfisch und grundeln, ein gebraten Ahl, Krebß ect.*, werden zu festlichen Mittagessen für wohl bedeutende Persönlichkeiten neben Hühner und Hecht, gebratenen Hasen und Karpfen, Gänse und Hirsch, Mandeltorte, Konfekt, Pfefferkuchen usw. auch *Erdapffeln* gereicht.
Das Wechselspiel nach Laune der Moden gehört zu den bemerkenswerten Dingen in der Geschichte der Kartoffel. Oft wird ihr Image der Ärmlichkeit und Unterschichtlichkeit mit ihrem Stellenwert angesichts von Krisen und Hungerjahren in Verbindung gebracht. In Hungerjahren wie 1745, 1770, 1774 in Oberfranken oder ganz allgemein zu Notzeiten wie während Kriegen, Nachkriegszeiten, Weltwirtschaftskrisen hatten Kartoffeln ihre überragende Bedeutung, in Phasen der Prosperität ging sie zurück, wie die Diskussion um den Kalorienwert in der Nach-Wirtschaftswunderzeit verdeutlicht. Natürlich sinkt nach dem oberschichtlichen und exotischen Beginn der Prestigewert der Kartoffel aufgrund der breiten Akzeptanz in der Bevölkerung, besonders bei ärmeren Kleinbauern, Söldner und Arbeitern. Die unterschichtliche Note als Massennahrungsmittel wird sie nicht mehr los werden.

Was die Oberpfalz angeht, so dominiert die Kartoffel den Speiseplan besonders in der Steinpfalz, am Quertal des Regen und am Böhmer Wald. „Das Frühstück besteht vorzugsweise aus Kartoffel= Milch= oder Wassersuppe" berichtet die *Bavaria* für die Oberpfalz und Regensburg. Und weiter: „Im Pfälzerwald bilden die „Dotschnudeln" ein Lieblingsgericht, vorwiegend aus Kartoffeln mit etwas Mehl und Dopfen bestehend. Sie werden mit wenig Schmalz in der Röhre gebacken. Der Sommer und Herbst bringt vornehmlich viel Schmalzet, Salat, auch Schwämme, der Winter die unvermeidlichen Kartoffeln zum rauhen, schwarzen Haferbrode." Die Früh- und Abendsuppe – eine alte Ernährungsweise – ist noch für die 40er und 50er Jahre in Erinnerungen erhalten. „Früher hat's früh die Kartoffelsupp'n geb'n und abends die Kartoffelsupp'n geb'n, jeden Tag, mit Brod dazu, und aweng Zwiefel nei wenn ma' g'habt hat... Mittag hat's eb'n Spoutz'n [rohe Knödel] geb'n oder 'mal Salzerdäpfel oder 'mal ein' Dotsch oder ein' Stampf [Kartoffelbrei]. ...mir hab'n a' manchmal so kleine Spotzerler g'macht, die sin' in 'd Pfanner 'nei'kummer, na sin' Eier verrührt word'n, die sin' da auch mit d'rüber kommer, sind aber nochmal in'd Reine 'neikummer sin' überback'n word'n, des war'n dann die Bauchstecherler [aus Knödelteig]." [Frau P. aus B./Oberpfalz]

Ähnlich ist die Situation im benachbarten Oberfranken. Ein Frühstück aus Wassersuppe und Kartoffeln war gebräuchlich; im Thüringerwald, im Frankenwaldvorland und im Jura sind Kartoffeln Hauptbestandteil der Nahrung. Gekochte Kartoffeln zu jeder Tageszeit und Brot, so berichtet eine Beschreibung von 1805 über die Wunsiedler Gegend, sei das übliche Essen der Bewohner; öfters tränken sie auch Branntwein und Bier, „bei welchem sie ruhig und zufrieden leben."

Kommen wir endlich zu den Klößen, jener wohlgeformten Beilage aus rohen und/oder gekochten Kartoffeln, welche die Essensgewohnheiten der Bayern zutiefst zu charakterisieren scheinen, jedenfalls aus der Sicht der Norddeutschen. Klöße, Schweinernes und Bier, Sinnbilder bayerischer Eßkultur, sie gehören zum bayerischen Image auch im Norden der Republik. In Wirklichkeit entstammt der Kloß den oberfränkisch–oberpfälzischen Mittelgebirgen, ganz in Übereinstimmung zum ursprünglichen Verbreitungsgebiet der Kartoffel.

„Am Fichtelgebirge und seinen Vorterassen bilden Morgens und Abends Kartoffeln den regelmäßigen Imbiß. (...) Ein stehendes Gericht für den Mittagstisch bilden die sogenannten Zottelklöse, Knödel oder Klöse aus geriebenen rohen (s. g. grünen) Kartoffeln mit etwas Mehl und Brod. Die Zottelklöse sind ein Charakteristikum der oberfränkischen Kochkunst. Ihre Region erstreckt sich zwar über die Provinzgrenze hinaus, und zieht sich nordwestlich bis an die Rhön und in das Fuldaische; aber ihr Mutterland ist Oberfranken. Man muß auch ein Landeskind sein oder mindestens eine geraume Weile Acclimatisierungsversuche gemacht haben, um dem Gerichte jenen besonderen Geschmack abzugewinnen, welchen der Eingeborene darin findet. Es wird wenig Familien auf dem platten Land und selbst in den Märkten und Städtchen geben, wo nicht fünf bis sechsmal wöchentlich die beliebten Klöse auf dem Mittagstische dampfen. Häufig gehen sie für Suppe, Gemüs und Fleisch hin. (...)...die mehrerwähnten Kartoffelklöse erreichen in der fränkischen Schweiz nahezu die südlichste Grenze ihrer Zone. Was Confession und Territorialmarke, was industrielle und topische Scheidewand zersplittert, vereinigen die Zottelklöse wieder, die selbst keinen Unterschied zwischen Germanen und Slaven zulassen."

Daß Kartoffelklöße in Nordostbayern so verbreitet waren und von dort aus sich natürlich weiterverbreitet haben, liegt an Vorbildern: Klöße aus Getreide gab es längst vorher im 17. Jahrhundert, als Mehlspeise waren sie auch beliebt im benachbarten süddeutsch–bayerischen Raum und darüberhinaus. Weizenklöße beispielsweise galten als Festspeise für Wohlhabendere. Als „Wickelklöße" wurden sie – dies betrifft vorzugsweise den vogtländischen Raum – wie Kuchen aus feinem Weizenmehl mit Fett und Eiern hergestellt.
Im östlichen Oberfranken wurden die Klöße im Ofenhafen, also in einem in den Stubenofen eingemauerten, oft innen emaillierten, Wasserkessel gekocht. Auffallend ist der Typus von Ofen mit zwei Wasserkesseln – der zweite, größere diente wie überall üblich, zur Heißwasserzubereitung. Nachweisbar sind diese Art Öfen nur in Ostoberfranken. Sollte der Ofentyp mit

dem „Klößhafen“, wie er gelegentlich genannt wird, mit dem frühen Aufkommen der Kartoffel in dieser Region zusammenhängen?

Für das angrenzende Vogtland ist die Kartoffelnahrung gut dokumentiert. Dort waren Kartoffeleintöpfe üblich, zusammengekocht mit gepökeltem Rindfleisch, dann Klöße aller Art, Kartoffelbrei, eine Art Kartoffelpuffer und oft auch nur „ganze Kartoffeln“ – auch als Frühstück bei Außenarbeiten – mit einer Zuspeise. Ohne Teller und Gabeln zu verwenden, schüttete man sie auf den Tisch und stellte in die Mitte Brühe, Quark, Leinöl oder Fett; die Kartoffeln wurden dann in die Zukost eingetaucht – eine Eßweise, die bis 1930 bezeugt ist. Daß Leinöl zu Kartoffeln gebräuchlich war, berichtet übrigens schon Krünitz in seiner bekannten Encyklopädie: „Im Winter kann man sie alle Abend dem Gesinde auf dem Lande, in Schalen gekocht, auf den Tisch geben, da sie denn von dem Gesinde abgeschälet, und zum Butterbrod gegessen werden; wo aber Lein=Oehl üblich ist, da werden die Kartoffeln des Abends zu Oehlstollen gegessen. Auf solche Art sind sie die allerbereitsamste Kost...“ Und auch eine Gewährsperson, eine 92jährige ehemalige Landarbeiterin aus Grottau bei Breslau, erinnert sich daran, daß Kartoffeln mit Leinöl eine übliche Speise waren. [Frau P. aus G./Schlesien]

Differenziert ist die Situation in Unterfranken, denn in weiten Bereichen dominiert der Getreideanbau. Anders in den gebirgigen Gebieten der Rhön, des Odenwalds und des Spessarts. „...Kartoffeln stehen beharlich am Programme“, als Kartoffelsuppe zum Frühstück, gequellt oder als „Erdäpfeldotschen“ mit Mehl und Schmalz und weiteren Varianten. Als ärmlich wird die Nahrung in der Rhön beschrieben:

„Bescheidener in seinen Ansprüchen und Genüssen ist der Bauer auf der Rhön und wohl auch in den Vorlanden derselben. Brod und Kartoffeln, letztere noch häufiger als ersteres, bilden tiefer im Gebirge fast das ausschließende Nahrungsmittel. Selbst das Salz gilt theilweise als überflüssiges Gewürz. Im Brückenauer Bezirke gibt es Dörfer (wie Reussendorf), welche gar keinen Backofen kennen, und ihr weniges Brod von Fulda sich beischaffen. Kartoffelsuppe, Brodsuppe, Milchsuppe sind alltägliches Gericht, Morgens, Mittags und Abends. Fleisch sieht der ärmere Theil jahraus jahrein gar nicht, und der vermöglichere nur höchst selten ein Stück geräuchertes Schweinefleisch mit Sauerkraut, Erbsen, Linsen oder weißem Kraut, das in Erdgruben den ganzen Winter hindurch frisch gehalten wird. Etwa alle vierzehn Tage unterbricht ein „Platz" von etwas weißerem Mehle mit aufgestrichenem Topfen oder ein „Kartoffeldetscher" (geriebene Kartoffel mit etwas Mehl und Milch in der Raine gebacken) die Eintönigkeit der Speisekarte. Auch die Zottelklöse erscheinen noch sporadisch auf dem Tische."

Von Klößen berichtet die *Bavaria* im Band Mittelfranken nichts. In dem Zeitraum zumindest, den sie abdeckt, dürften sie also kaum verbreitet gewesen sein. Kartoffeln in anderen Zubereitungsarten aber wohl. Besonders in der Kombination mit Sauerkraut werden sie aus dem Raum um Ansbach erwähnt. „Nur der Cafe, der unter Beigabe von gekochten Kartoffeln den Morgenimbiß bildet, ist unerläßlich.... Kartoffeln und Sauerkraut sind fast tägliche Erscheinungen..." Weitere übliche Möglichkeiten der Zubereitung sind aus dem Steigerwald überliefert. „Das Hauptnahrungsmittel am Steigerwalde bilden die Kartoffel. Der Morgenimbiß bringt sie fast regelmäßig in der Schale, dazu Topfen zur Anfeuchtung. (...) Mittags erscheint gewöhnlich Kartoffel= oder Wassersuppe mit Schwarzbrod auf dem Tisch, dazu ein sogenannter Drentsch, ein Gebäcke von grobem Mehl, geriebenen, rohen Kartoffeln und Milch. Wir stehen auf der Uebergangszone von den oberfränkischen Zottelklösen zu den Erdäpfelknödeln des südlichen Bayerns, welche nur aus gekochten Kartoffeln bereitet werden. Der Drentsch ist das prädisponirende Mittel." (Rezept S. 63)

Auch in Erzählungen taucht der Drentsch noch auf, dann aber auch sogenannte Baunzen (S. 52), eine Art Nudeln aus Kartoffelteig [nach Schmeller bauzen, eigentlich Mehlspeise]: „Na da hat ma' die Baunzen g'macht, Kartoffelnudel, hat ma' an Kartoffelteig g'macht und na hat ma' so a Rolle g'rollt und fünf Stück, und die hat ma na' schee g'wickelt daß schee rund

Bei der Arbeit in der Küche; im Topf links kochen gerade Kartoffeln. Aufnahme aus Stadtsteinach 1957.

war'n und hat's nacher in a Pfanna mit Fett beiderseiten schee angebacken. Des war a Kartoffelteig mit Mehl und Ei und Rahm und Salz. Ma' hat auch ein rohen Dransch g'-macht...auch in die Pfanna g'strichen oder die Backersle. Des war der gleiche Teig. ... Des hat ma' früher g'macht, weil ma' den Kochkasten g'habt hat und der hat ja zum Kochen g'hört, na hat ma zwei so Pfannen g'habt, die 'nei'paßt hab'n und da drin hat ma na die Baunzen g'macht und die Sachen. (...) Mir hab'n net jeden Tag Kartoffeln g'essen, da hat's scho' Mehlspeisen auch dazwischen 'geben." [Frau B. aus L./Mittelfranken] Was man aus Kartoffeln gekocht hat, hing auch von der Jahreszeit ab. Zu den hauptsächlichen Arbeitszeiten auf dem

Land, so die Erinnerungen von Frauen, investierte man nicht viel Zeit in das Kochen. Im Winter hingegen, wenn mehr Zeit war, gab es auch öfter Klöße und aufwendigere Kartoffelgerichte. Gerade die Kloßherstellung war zeitintensiv: „Na schauen'S her, des is' schon eine Arbeit, jetzt hab'n mir die rohen Kartoff'l, hab'n mir die Kartoff'l schäl'n müss'n, net, na hab'n mir's reib'n müss'n, na war'ns im Wasser drin, na hab'n mir's pressen müss'n, net, wissen's, da hat ma a Säckla g'habt, da hat man's so 'nei und hat's preßt. Naja..., erst hat man's Wasser 'raus'presst, rauspressen müss'n, und...na hat man die rohen Kartoff'l mit 'n kochenden Wasser überbrüht und na hat ma' die 'kochten Kartoff'l 'nei und na erst zammknet'n, ne."
[Frau N. aus W./Mittelfranken]
Trotz der positiven Auswirkungen der Kartoffel auf die Ernährungssituation, was das Ausgleichen von Hungersnöten und die notwendige Zufuhr mit Vitamin C betrifft, hat die Kartoffel sicher in manchen Gegenden und in manchen sozialen Schichten zu einer Einseitigkeit der Ernährung geführt. Virchow beschreibt aus eigener Anschauung für Oberschlesien etwa, daß trotz Übertreibungen die Menge der Kartoffeln für den Einzelnen „an's Unglaubliche" grenzen, und besonders bei Arbeiterfamilien dürfte die Reduzierung der Kost auf Kartoffeln bisweilen zu Mangelerscheinungen und Unterernährung geführt haben. Nach dem Niedergang der Plauener Spitzenindustrie – wiederum ein Beleg aus dem Vogtland – besannen sich die arbeitslosen Familien angesichts ihrer Not auf primitivere Kostformen, auf Kartoffeln mit gebräuntem Salz und schwarzem Rübenkaffee. Eine Untersuchung von Adolf Braun von Nürnberger Arbeiter aus dem Jahr 1901 zeigt, daß Brot und Kartoffeln immer an erster Stelle rangierten und zusammen mit Butter wohl 90% der Energiezufuhr ausmachten. Je geringer das Einkommen war, desto größer war wahrscheinlich der Kartoffelverbrauch. Ein Bericht aus der südlichen Bayreuther Gegend verdeutlicht sehr eindrucksvoll die Armut und die Einseitigkeit in der Ernährung: „Sehr viele Familien lebten bis anfangs der dreißiger Jahre äußerst karg, so ein He-

ring etwas Außergewöhnliches war und unter mehreren geteilt wurde. Manchmal wurde nur für fünf Pfennig „Heringsbrüh“ (die Marinade) vom Kaufmann geholt. Zusammen mit den Kartoffeln bildete dies nicht nur ein Abend–, oft sogar ein Mittagessen.“

Andererseits war gerade Arbeitern und Heimarbeitern, wo Zeit ein Mangel war, besonders bei mitarbeitenden Frauen, die Kartoffel ein höchst zeitökonomisches, willkommenes Nahrungsmittel. Vergleicht man es etwa mit Brotgetreide, so ist die Herstellung einer eßbaren Mahlzeit um ein Vielfaches schneller. Dieser Vorzug macht die Kartoffel empfänglich und interessant für frühindustrielle Strukturen und für Gegenden mit überwiegendem Arbeiteranteil.

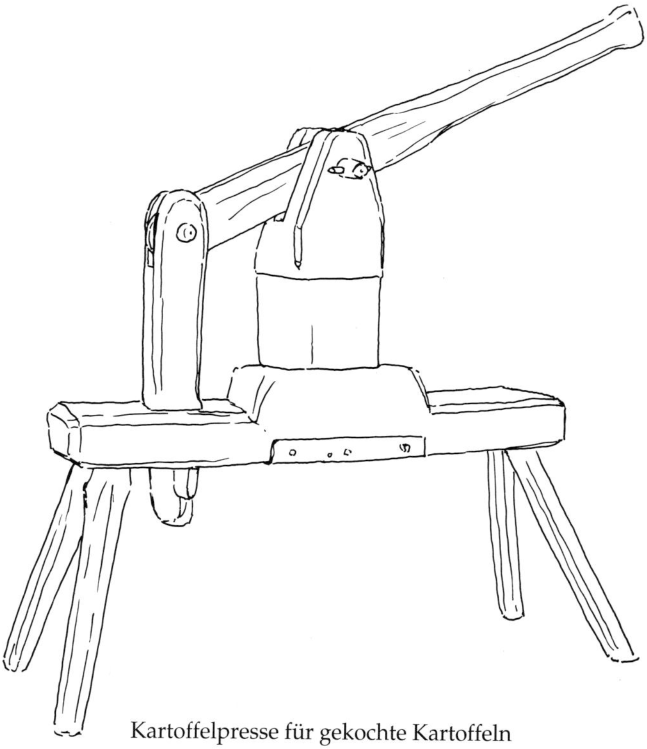

Kartoffelpresse für gekochte Kartoffeln

Botanik

Den wissenschaftlichen Namen *Solanum tuberosum* erhielt die Kartoffel 1596 durch den Baseler Anatom und Botaniker Caspar Bauhin (1560-1624).

Entwicklungsgeschichtlich geht unsere heutige Kulturkartoffel auf die Arten *Solanum andigena* (Kurztagspflanze) aus den peruanischen Anden und *Solanum tuberosum* (Langtagspflanze) aus Südchile und der Insel Chiloe zurück. Die Kartoffel gehört zu den Nachtschattengewächsen, den *Solanaceen,* wie auch Tomate, Paprika und Tabak. Sie ist eine krautige, mehrjährige (in Kulturen einjährige) Pflanze mit unterbrochen gefiederten Blättern und kantigen Stengeln. Die Kartoffelknollen sind im botanischen Sinn keine Früchte, sondern stark entwickelte unterirdische Sprossenverdickungen. Sie dienen als Reservestoffspeicher und als vegetatives Vermehrungsorgan. Die an den Kartoffeln sichtbaren Vertiefungen, die sogenannten Augen, bilden die Triebe für neue Pflanzen und Ausläufer, an denen sich dann die Knollen bilden. Die neuen Triebe erhalten ihre Nahrung zunächst aus der Mutterkartoffel. Die selbstständige Ernährung beginnt, wenn sich grüne Blätter über der Erde gebildet haben. Durch diese vegetative Vermehrung findet aber keine Erneuerung der Erbanlagen statt, die positiven Eigenschaften lassen immer mehr nach, die Kartoffel baut sich ab. Deshalb ist es nötig, immer wieder neues Pflanzgut zuzukaufen.

Die eigentlichen Früchte der Kartoffel sind die grünen, kirschgroßen Beeren. Sie spielen bei der Zucht eine Rolle. Durch Übertragung von Blütenstaub werden verschiedene Kartoffelsorten gekreuzt, und in den sich aus den Blüten bildenden Beeren reifen dann etwa 100 Samen, aus denen Sämlinge gezogen werden. Bei diesen Sämlingen unterscheidet sich jeder in seinen Merkmalskombinationen von den anderen, so daß jeder einzelne Sämling den Grundstock zu einer neuen Kartoffelsorte bilden kann. Jeder Sämling liefert eine Pflanzknolle, die dann vegetativ weitervermehrt werden kann. Ehe aber eine neue Sorte auf den Markt kommt, vergehen etwa 12 Jahre mit Züchtungs– und Anbauversuchen. Der Botaniker *Philippe de Sivry* aus Mons und *Carolus Clusius* aus Arras begannen bereits Mitte des 16. Jahrhunderts mit der genetischen Veredelung der Kartoffel.

Jede Kartoffelsorte hat ihre eigene Blüteintensität und –dauer, es gibt weiß–, rot– oder blauviolett blühende Sorten. Das Wachstumsoptimum der Kartoffelpflanze liegt zwischen 13 und 21 Grad Celsius.

Bei der internationalen Kartoffelausstellung in Altenburg 1875, wurden 2644 Kartoffelsorten präsentiert. Daraufhin wurde eine deutsche Kartoffelbaugesellschaft gegründet, deren Zielsetzung es ist, unter der Vielzahl der Kartoffelsorten eine Auslese zu treffen.

Beilagen

Baunzen oder Bauchstecherla

1 kg Kartoffeln, 1–2 Eier, 100 g Mehl, 1 Prise Salz, Muskat, nach Belieben Grieben, Fett zum Ausbacken.

Gewaschene und geschälte Kartoffeln kochen, noch heiß durch ein Sieb streichen und abkühlen lassen. Eier verquirlen und mit Mehl und Grieben zur Kartoffelmassse geben. Den Teig mit Salz und Muskat abschmecken. Fünf Zentimeter lange, bleistiftdicke Röllchen formen und in eine Auflaufform geben. Dick mit Schmalz bestreichen und im Ofen goldgelb backen. Wenn die Baunzen auf der einen Seite braun sind, sie wenden, nochmals mit Schmalz bestreichen und fertig backen.
Die Baunzen können auch in einer Pfanne in Fett gebacken werden.

Bratkartoffeln aus rohen Kartoffeln

1 kg Kartoffeln, 3 Zwiebeln, Salz, Pfeffer.

Kartoffeln schälen, waschen und abtrocknen. Dann in feine Scheiben schneiden und in heißem Öl anbraten. Einige Male wenden, gehackte Zwiebeln dazugeben und mit Salz und Pfeffer würzen. Etwa 25 Minuten braten, bis sie gar sind.

! Mit einem Gurkenhobel kann man Kartoffeln mühelos in dünne Scheiben hobeln.

Bratkartoffeln

1 kg festkochende Kartoffeln, 150 g durchwachsener Speck, Salz.

Kartoffeln kochen, schälen und abkühlen lassen. Speck würfeln und in einer Pfanne anbraten, dann aus der Pfanne nehmen und warm stellen. Kartoffeln in dicke Scheiben schneiden und in der Pfanne braunbraten. Zum Schluß die Speckwürfel darüberstreuen.

i Eine nette Anekdote, die sich um diese Zubereitungsart rankt, besagt, daß dieses Gericht von dem Geheimrat Brats erfunden worden sei und es eigentlich Bratskartoffeln heißen müßte.

Braunes Kartoffelgemüse

1 kg Kartoffeln, 30 g Fett, 50 g Mehl, 1 Zwiebel, 3/4 l Wasser, 1 Prise Salz, 3 Eßl. Essig, 1 Nelke, 2 Lorbeerblätter, etwas Liebstöckel.

Die Kartoffeln kochen, schälen und in Scheiben schneiden. Aus Fett, Mehl und der fein gewürfelten Zwiebel eine Einbrenne herstellen. Diese mit Wasser auffüllen und die anderen Zutaten zugeben. Alles 25 Minuten kochen lassen. Lorbeerblätter, Liebstöckel und die Nelke herausnehmen und die Kartoffelscheiben zugeben. Nochmals kurze Zeit kochen lassen.

= im Schwäbischen nennt man dies "Saure Rädla"

Fleischbrühkartoffeln

1 kg Kartoffeln, 1 l Fleischbrühe, 20 g Zwiebeln, Salz, Butter.

Kartoffeln schälen und in drei bis vier Teile schneiden. Diese in der Brühe gar kochen. Abschütten und mit gerösteten Zwiebeln und nach Belieben mit Kräutern bestreuen.

Fränkische Kartoffelgrieben

2 kg mehlige Kartoffeln, 300 g Grieben, Salz.

Kartoffeln kochen und durchdrücken. Heiße Grieben damit vermengen, mit Salz abschmecken und heiß zu Salaten servieren.

! Gekochte Kartoffeln können mit der Schale durchgedrückt werden. Die Schale bleibt in der Kartoffelpresse zurück.

Geschwungene Kartoffeln mit Petersilie

Kartoffeln, 1 Eßl. gehackte Petersilie, 1 Eßl. Butter.

Kartoffeln schälen, waschen, in Viertel schneiden und kochen. Kartoffeln abseihen, Petersilie und zerlassene Butter darübergeben. Den Topf mit dem Deckel verschließen und ein paarmal kräftig schwingen, damit sich die Petersilie gut unter die Kartoffeln mengt.

Heringssalat

500 g Kartoffeln, 6–8 Heringsfilets, 2 saure Gurken, 1 Salzgurke, 1 Sellerieknolle, 2 säuerliche Äpfel, 1 gekochte Rote–Beete–Knolle, 1 Zwiebel. Marinade: 5 Eßl. Öl, Saft einer halben Zitrone, 3 Eßl. Gurkenwasser, 1 Teel. Senfkörner, 1 Prise Zucker, Salz, Pfeffer.

Die Marinade in einer großen Schüssel gut mischen. Kartoffeln kochen, schälen und in Würfel schneiden. Zwiebeln kleinhacken und Gurken in feine Scheiben schneiden. Äpfel und Rote Beete schälen und ebenfalls würfeln. Sellerieknolle in feine Stiftchen schneiden. Die Heringsfilets in Streifen schneiden. Alle Zutaten gründlich mit der Marinade vermengen und ein paar Stunden zum Durchziehen kühl stellen.

Kartoffelbällchen oder –kroketten

250 g Kartoffeln, Muskat, Salz, 30 g Butter, 1 Eigelb, 30 g Mehl, 1 Eiweiß und Semmelbrösel zum Panieren.

Kartoffeln kochen, schälen, durchpressen (am besten schon am Vortag) und abkühlen lassen. Butter schaumig rühren, Eigelb und Gewürze dazugeben. Dann die Kartoffeln und das Mehl untermengen.
Aus dem Teig kleine Kugeln oder Röllchen formen und diese in Eiweiß und Semmelbröseln wälzen. In heißem Fett schwimmend ausbacken.

Kartoffelbrei oder Stampf (Stopfer)

1 kg Kartoffeln, Salzwasser, 3/8 l Milch, 20 g Butter.

Kartoffeln waschen, schälen und in Viertel schneiden. Diese in leicht gesalzenem Wasser gar kochen. Kartoffeln dann noch heiß durch die Kartoffelpresse geben oder mit einem Passierstab zerkleinern. Die zerlassene Butter und heiße Milch zugeben, bis der Brei die richtige Konsistenz hat. Mit etwas Salz abschmecken. + Muskat!

Kartoffelbrei mit Äpfeln

1 kg mehlige Kartoffeln, Salz, 1 Lorbeerblatt, 500 g Äpfel, 1/4 l Weißwein oder Apfelsaft, 2 Zwiebeln, Fett.

Kartoffeln kochen, schälen und durchpressen. Äpfel schälen, würfeln und in Wein oder Saft mit dem Lorbeerblatt kochen. Die Äpfel unter den Kartoffelbrei mischen und mit gerösteten Zwiebelringen garnieren.

Kartoffelkuchen

300 g Kartoffeln, 100 g Mehl, Salz, Pfeffer, 50 g Butter, 2 Eßl. gehackte Petersilie

Kartoffeln kochen, schälen und zu einem Brei pürieren. Butter schaumig rühren, Kartoffelbrei, Mehl und Petersilie dazugeben und gut vermengen. Mit Salz und Pfeffer abschmecken. Aus dem Teig ein dicke Rolle formen (etwa acht Zentimeter) und ein Zentimeter dicke Scheiben abschneiden. Diese in heißem Schmalz schwimmend ausbacken. Gut als Beilage zu Fleischgerichten.

Kartoffelnudeln/Bauchstecherla mit Topfen (Quark)

1 kg gekochte Kartoffeln, 500 g trockener Topfen, 1–2 Eier, Mehl nach Bedarf, Salz, Petersilie, Fett.

Gekochte Kartoffeln schälen und heiß durchpressen, dann auskühlen lassen. Topfen durch ein feines Sieb streichen und mit den anderen Zutaten zu einem festen Teig verarbeiten. Fingerdicke Nudel formen und in heißem Fett schwimmend ausbacken.

Kartoffelpudding

1 kg Kartoffeln, 40 g Butter, 3 Eier, Salz, Muskat, Zwiebel, Petersilie, Semmelbrösel.

Frisch gekochte Kartoffeln reiben oder durchpressen. Butter schaumig rühren, Eigelb, Salz und Gewürze zugeben. Die noch warmen Kartoffeln untermischen und die Masse in eine Puddingform fürs Wasserbad füllen. 50 bis 60 Minuten im Wasserbad kochen, stürzen und mit gerösteten Semmelbröseln anrichten.

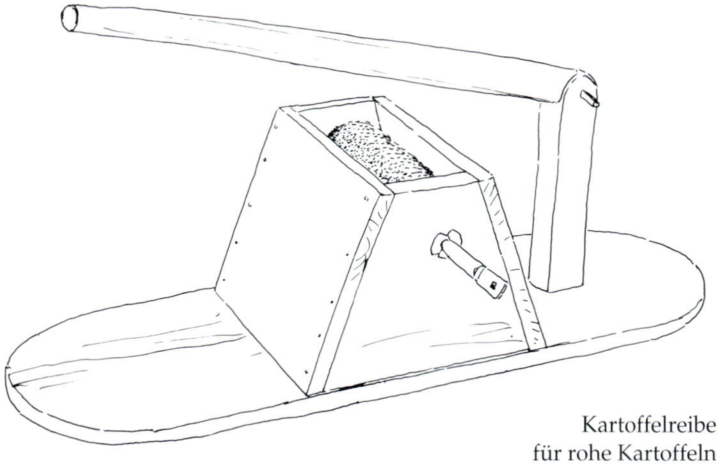

Kartoffelreibe
für rohe Kartoffeln

Kartoffelrand

500–750 g Kartoffeln, 40 g Fett, 1 Eßl. Salz, 1/8 l Milch, 2 Eier, 20 g Käse, 2 Eßl. Semmelbrösel.

Kartoffeln kochen, schälen und durchdrücken. Eier trennen und Eiweiß steif schlagen. Butter schaumig rühren und mit den restlichen Zutaten vermengen – Eischnee zum Schluß unterheben. Teig in eine gefettete Kranzform füllen und bei mittlerer Hitze 45 Minuten backen. Dann auf eine Platte stürzen und in die Mitte Fleisch– oder Gemüsegerichte einfüllen.

Kartoffelsalat I

Kartoffeln, Salz, Essig, Pfeffer, Senf, Schalotten

Gekochte Kartoffeln in Scheiben schneiden und mit der Marinade aus Pfeffer, Salz, Essig, Senf und fein gewiegten Schalotten übergießen.

Kartoffelsalat II

Kartoffeln, Essig, Öl, Fleischbrühe, Pfeffer, Salz, Schnittlauch, Zwiebeln.

Kartoffeln kochen, schälen und in Scheiben schneiden. Mit einer Tasse heißer Fleischbrühe übergießen und mit Essig, Pfeffer, Salz, gewürfelten Zwiebeln und Öl abschmecken. Gut durchziehen lassen und mit feingewiegtem Schnittlauch bestreut servieren.

Kartoffelsalat III

5 große Kartoffeln, 5 Äpfel, 4 hartgekochte Eier, 1/2 Ring Fleischwurst, 150 g gekochter Schinken, 2 Essiggurken, 5 gelbe Rüben, 1/2 Glas Mayonnaise, 1/2 Glas Meerrettich, Salz, Pfeffer, Essig, Senf, Zucker, Dill.

Kartoffeln kochen, schälen und in Scheiben schneiden. Eier klein schneiden, Gurken, gelbe Rüben, Wurst, Äpfel und Schinken würfeln. Aus Mayonnaise, Senf, Meerrettich, etwas Zucker, Salz, Pfeffer, Dill und Essig eine Marinade anrühren. Über den Salat geben und alle Zutaten gut vermengen.

Kartoffelsalat IV

1 kg Kartoffeln, 1 Eßl. Kümmel, 150 g Speck, Zwiebel, 1 Tasse Fleischbrühe, Öl, Essig, Salz, Pfeffer, Dill, 1 Salatgurke.

Kartoffeln mit Kümmel bestreut kochen, schälen und in Scheiben schneiden. Speck würfeln und rösten, Zwiebelwürfel kurz mitrösten und mit der Fleischbrühe auffüllen. Öl, Essig und Gewürze zugeben und alles über die Kartoffeln geben. Gurke in feine Scheiben hobeln und unter den Salat mengen. Gut durchziehen lassen.

Kartoffelsalat V

1 kg Kartoffeln, 3 Gewürzgurken, 2 Zwiebeln, 1 Knoblauchzehe, Salz, Pfeffer, 1 Glas Mayonnaise, 2 Becher Yoghurt, 1 Teel. mittelscharfer Senf, etwas Gurkensaft, 3 gekochte Eier.

Mayonnaise mit Yoghurt vermengen, feingehackte Zwiebeln und Gurken dazugeben. Mit Senf, Salz, Pfeffer und der durchgedrückten Knoblauchzehe abschmecken. Die Soße eine Stunde durchziehen lassen. Kartoffeln kochen, schälen und in Scheiben schneiden. Gut abkühlen lassen.
Die Marinade untermengen, mit in Scheiben geschnittenen Eiern garnieren.

Geriebener Kartoffelsalat

1 kg Kartoffeln, Essig, Öl, Salz, Zwiebeln, 1/2Tasse Fleischbrühe.

Kartoffeln kochen, schälen, durchdrücken und abkühlen lassen. Essig, Öl, Salz, geriebene Zwiebeln und heiße Fleischbrühe zugeben. Alles gut vermengen und etwas ziehen lassen.

! Fad schmeckenden Kartoffelsalat kann man mit einem Teelöffel Meerrettich in der Marinade aufbessern.

Kartoffelschnee

Kartoffeln, Salzwasser, Semmelbrösel.

Kartoffeln schälen, in Stücke schneiden und in Salzwasser kochen. Diese dann durch eine Kartoffelpresse drücken und mit angerösteten Semmelbröseln anrichten.

Kartoffelspatzen /Potakenspotzn

750 g rohe Kartoffeln, 1–2 Eier, 500 g Mehl, Salz, 125 g Butter, 1 Tasse Wasser, 1 Zwiebel, Salz.

Die Kartoffeln reiben und mit Ei und einer Prise Salz vermengen. Mit dem Mehl zu einem zähflüssigen Teig verarbeiten. Vom Teig mit einem Löffel Spatzen abstechen und in kochendes Salzwasser geben. Die Spatzen etwa zehn Minuten ziehen lassen und dann mit einem Schaumlöffel abschöpfen. Butter bräunen und die feingeschnittene Zwiebel darin anrösten. Wasser dazugeben und drei Minuten köcheln lassen. Die Buttersoße über die Spatzen geben, gut durchmengen und auf einer Platte anrichten. Nach Belieben noch mit gerösteten Semmelbröseln bestreuen.

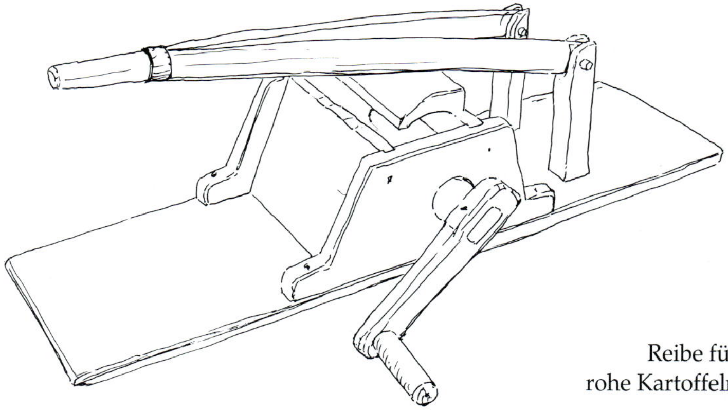

Reibe für rohe Kartoffeln

Kartoffelspatzen aus gekochten Kartoffeln

1 kg Kartoffeln, Salz, 100 g Mehl, 2 Eier, Salzwasser.

Die Kartoffeln kochen, durchpressen und abkühlen lassen. Mit Mehl und Eiern zu einem geschmeidigen Teig verarbeiten und mit Salz abschmecken. Mit einem Löffel Spatzen abstechen und in kochendes Salzwasser geben. Die Spatzen etwa zehn Minuten ziehen lassen und dann mit einem Schaumlöffel abschöpfen. Als Beilage zu Braten oder auch zu Kraut.

Kümmelkartoffeln

1 kg neue, rohe Kartoffeln, 30–50 g Butter zum Bestreichen, Kümmel, Salz.

Die Kartoffeln gut waschen und halbieren– nicht schälen! Die Schnittfläche mit Butter bestreichen und mit Kümmel bestreuen. Bei mäßiger Hitze im Backofen etwa 45 Minuten backen.

i Kümmel wächst wild, bevorzugt im Halbschatten auf mittelschweren Böden. Die Pflanze ist zweijährig und wird über 60 Zentimeter hoch. Im ersten Jahr kann man die Blätter verwenden, sie schmekken nach einer Mischung aus Petersilie und Dill. Die Samen reifen erst im zweiten Jahr. Das bei uns unbekannte Kümmelwurzelgemüse eignet sich hervorragend als Beilage.

Meerrettich– (Kren–) Kartoffelbrei

1 kg mehlige Kartoffeln, 1/4 l Milch, 25 g Butter, 2 Eßl. frisch geriebener Meerrettich.

Kartoffeln kochen, schälen und zerstampfen. Milch und zerlassene Butter dazugeben. Die Masse gut schlagen, damit der Brei locker wird. Zum Schluß den Meerrettich unterheben.

Meerrettich– (Kren–) Kartoffeln

1 kg Kartoffeln, 30 g Fett, 40 g Mehl, 1 Zwiebel, 1/8 l Wasser, 3/4 l Milch, 1/2 Stange Meerrettich, Salz, 1 Prise Zucker.

Eine helle Einbrenne aus Fett und Mehl herstellen. Gewürfelte Zwiebel zugeben, mit Wasser ablöschen und mit der Hälfte der Milch aufgießen. Gut durchkochen lassen. Den Meerrettich putzen und in die restliche Milch reiben. Etwa zwanzig Minuten stehen lassen, dann zur Einbrenne geben und zehn Minuten kochen. Am Schluß die in Scheiben geschnittenen, gekochten Kartoffeln zugeben.

Roh gebackene Kartoffeln

1 kg Kartoffeln, Salz, Fett.

Kartoffeln schälen und in feine Streifen schneiden. Die Kartoffeln abtrocknen und in heißem Fett schwimmend goldgelb ausbacken. Mit einem Schaumlöffel herausnehmen, abtropfen lassen, mit Salz bestreuen und servieren.

! Kartoffelscheiben bekommen beim Ausbacken schnell eine schöne Kruste, wenn man sie vorher in Mehl wendet.

Salzkartoffeln

Kartoffeln, Salzwasser.

Kartoffeln waschen und schälen. In Viertel oder bei sehr großen Kartoffeln auch in Achtel schneiden und in kaltem Salzwasser aufsetzen. Die Kartoffelschnitze zum Kochen bringen und bei leicht sprudelndem Wasser gar kochen.

! Kochwasser von Salzkartoffeln läßt sich gut für Suppen und Soßen verwenden.

Sterz

1 kg Kartoffeln (mehlig kochend), 150 g Mehl, Salz, Fett zum Ausbacken.

Gekochte und geschälte Kartoffeln durchpressen und auskühlen lassen. Etwas Salz darübergeben und das Mehl unterrühren. Den Teig portionsweise in reichlich Fett in einer Pfanne ausbacken, dabei oft wenden. Oder aber im Backofen in einer Auflaufform goldgelb backen.
Zu Sauerkraut, aber auch zu Zwetschgen– oder Apfelmus.

Tomatenkartoffeln

1 kg Kartoffeln, 30 g Fett, 30 g Schinken, 1 Zwiebel, 40 g Mehl, 3–6 Eßl. Tomatenmark, 3/4 l Flüssigkeit (Wasser und Milch), Zitronensaft, Zucker, Salz.

Kartoffeln kochen und in Scheiben schneiden. Aus Fett und Mehl eine Schwitze machen, Tomatenmark dazugeben und mit der Flüssigkeit auffüllen. Aufkochen lassen und dann Schinken und in Fett angedünstete Zwiebelwürfel dazugeben und alles über die Kartoffeln gießen.

Transch oder Drentsch

1 kg Kartoffeln, 1/2 l Milch, 250 g Mehl, Salz, Fett.

Die rohen Kartoffeln reiben und mit Milch und Mehl zu einem geschmeidigen Teig vermengen. Den Teig in eine Auflaufform geben, mit Schmalz bestreichen und backen oder in einer Pfanne in Fett ausbacken.

Weißes Kartoffelgemüse

1 kg Kartoffeln, 30 g Butter, 40 g Mehl, 1 Bund Suppengrün, 3/4 l Fleischbrühe, Salz, Pfeffer.

Kartoffeln kochen, schälen und in Scheiben schneiden. Einbrenne aus Butter und Mehl ganz weiß rösten. Suppengrün darin dämpfen und mit Fleischbrühe ablöschen. Kurz vor dem Anrichten die Kartoffeln dazugeben und nochmals kurz aufkochen. Mit Salz und Pfeffer würzen.

Die Arbeit auf dem Feld

Schwer war sie, die Arbeit auf den Feldern, hart und schwer. Vor dem Einsatz von Maschinen war Handarbeit angesagt. Wie uns Gewährspersonen berichten, wurde im Herbst zunächst das Feld vorbereitet. Mist wurde entweder insgesamt aufgebracht und untergepflügt: „Wir hab'n auf's ganze Feld, hab'n wir ein' Mist hi'g'fahrn und 'na is' der eing'ackert word'n, der Mist..." [Frau Z. aus G./Oberpfalz] Aus Sparsamkeitsgründen konnte der Mist aber auch vor dem Legen der Kartoffeln nur in die Furchen eingebracht werden. „Da hab'n wir so Furch'n zog'n, da hat's a so ein' Häufelpflug geb'n und da sin' Furch' zog'n word'n, nachher is' der Mist 'nei...und na sin' die Kartoffel'n in die Furch' 'neig'legt word'n" [Frau P. aus B./Oberpfalz] In Gegenden mit Schafhaltung gab es zur Humusverbesserung die Möglichkeit, Schafe auf Felder einzupferchen, wie eine 96jährige Frau eines Schäfers aus Mittelfranken berichtet: „Auf'm Feld eingepfercht, nachts über eingepfercht...also vor 10 Uhr sind's da gar net ham und na sind's die Nacht über im Pferch g'west und früh umma 7 Uhr oder 8 Uhr, wenn halt des Gras wieder trock'n war, na hat der Schäfer wieder austrieb'n und hat's g'hüt und Mittag um 12 Uhr sind's eig'sperrt wor'n...und so sin' na die ganzen Äcker, also da wo der Pferch d'raufg'stellt is', die Äcker, abpfercht word'n, ne." [Frau N. aus W./Mittelfranken] Im folgenden Jahr konnte der so gedüngte Acker mit Kartoffeln bebaut werden. Kunstdünger kam während des Ersten Weltkriegs in den Einsatz. Eine ehemalige Dienstmagd erzählt von den damit verbundenen Problemen. „Der Kunstdünger is' erst aufkumma im Ersten Weltkrieg, ...Schwarzen hab'n mir da g'sagt, ...den hab'n mir bloß 'n Schwarzen g'haß'n [genannt]. Aber der war so scharf, da hat ma' ka' Bier, nix d'rauf trinken dürfen, sonst war ma' weg, so giftig war der..., den hat ma doch mit der Hand streuen müss'n. ...sin' mir abend's heimkumma und hab'n unsere Kleider auszog'n...und hab'ns in a Wanna Wasser 'nei und ein-

g'weicht. Und wie sie [die Bäuerin] sie an andern Tag wasch'n hat well'n, war nix mehr d'rin, war's total z'amg'fressen zu lauter Fetzen." [Frau N. aus W./Mittelfranken]
Doch zurück zur Feldarbeit. Nach dem Einackern des Mistes, bei flächigem Auftragen, und dem Eggen des Ackers wurden mit einem Kartoffelpflug, einem Häufelpflug, aber auch mit einem einfachen Beetpflug Furchen gezogen. Wer ein Pferd sein eigen nannte, was in Franken und der Oberpfalz schon Kennzeichen einer gewissen Wohlhabenheit war, benutzte dieses als Zugtier, üblicher waren aber Kühe und Ochsen. „Ein Erdäpfelbeetle muß normalerweis' 60 Zentimeter hab'n...von einer Spitz' bis zur ander'n muß original 60 Zentimeter hab'n. Wenn ein Bauer die Beetla zu klein macht, is' a G'murks, macht er's natürlich zu groß, schad' nix, aber schlecht zum arbeiten... Wenn einer genau g'ackert hat, mei Vatter hat des ganz genau 'konnt, und da hat ein Beetl schnürlg'rad werd'n müß'n. Und

Hacken auf dem Kartoffelfeld; bei Lobenstein/Südthüringen, um 1914.

wenn einer natürlich so g'fahr'n is', Schlangenlinien, da hab'n die andern g'lacht, na hat die Mutter g'sagt: Auf a krummer Furch' wachst auch a g'rad's Traid [Getreide]." [Herr Z. aus G./Oberpfalz]
Der nur nach einer Seite die Erde wendende Beetpflug war dem Häufelpflug unterlegen, denn dieser warf in einem Durchgang gleich zwei Beete auf. „Naja, der Beetpflug, der pflügt also nur nach einer Seite, der hat eine Pflugschar, und des Pflugschar hat so ein Streichbrett..., der tut's dann auf eine Seite, des Geackerte, aufnehmen und auf eine Seite ableg'n. Und so ein Häufelpflug, der hat ein' doppelte Schar und der tut's sowohl auf die linke als auf die rechte Seite, die Erde, ne. ...die modernen Bauern, die hab'n einen Häufelpflug g'habt, ne. Der hat also des auf beide Seiten verteilt, ne." [Herr G. aus B./Mittelfranken] In die entstehende Rinne kamen dann die Saatkartoffeln, und zwar „schrittweise", was im Abstand von etwa einem Schuh bedeutete. Tendenziell war das Legen der Saatkartoffeln Frauenarbeit, oblag Bäuerin und/oder Dienstmagd, eine Arbeit, die mit Bücken verbunden war, während die Männer aufrecht den Pflug lenkten. „...es is mit'm Pflug a Rinna [eine Rinne] g'macht word'n, ne, und na hat man's in an Korb g'habt [die Saatkartoffeln] und den hat man 'rumg'hängt um den Hals, und na hat man immer einzeln immer ein' Schritt g'macht und hat man ein' Kartoff'l 'neig'legt", berichtet Frau E. aus dem mittelfränkischen Ipsheim aus den 40er Jahren. Oder man nahm die Kartoffeln im Sack auf den Rücken und warf sie in die Furchen. „Und na hat ma' die, im Frühling hat ma' die in Sack eini...den hat ma' dann am Buckel aufig'nomma und 'na hat ma's g'schmiss'n...und na hat ma's zoug'hackt." [Frau Z. aus G./Oberpfalz] Die Kartoffeln lagen also im 25–30–Zentimeter–Abstand in den Ackerfurchen, und nun kam wiederum der Pflug zum Einsatz; er häufelte auf den Furchen wieder Beete auf und deckte die Kartoffeln mit Erde zu.
Pflug und Egge waren auch wichtige Geräte im Kampf gegen das Unkraut. Zunächst wurde das Feld mit einer beweglichen Gliederegge, die sich an die Hügel anschmiegt, abgeeggt, was

dennoch zu einer Abflachung der Kartoffelbeete geführt hat; aber durch die Reduzierung der Samenunkräuter konnten die Kartoffeln jetzt aufgehen. „Sobald 's Unkraut aweng so kummer is'..., na is' ma' mit'm Unkrautstriegel drüber oder mit'm Rechen. Z'erscht hat ma halt an d'Kou [Kuh] welche g'hängt, die Beetegg'n hat's da geb'n, mit dene Stachel...links und rechts hat's des Unkraut aufg'rissen." [Frau P. aus B./Oberpfalz] Waren die Pflanzen entwickelt, durchfuhr man das Feld nochmals mit dem Pflug, und hat die Erde, die durch das Eggen im Tal war, an die Kartoffelpflanzen angehäufelt. Nach drei, vier Wochen wurde dies wiederholt, dann hat bereits das Kartoffelkraut alles zugedeckt, waren die Blätter groß und haben das Wachstum des Unkrauts behindert. Nur einmal, bei einer Höhe von circa 15 cm, mußte man in einer gemeinsamen Aktion das Feld hacken, das Unkraut manuell bekämpfen. „Bauer, Bäurin, alles mit'nander...das ganze Hauswesen hat da auf's Feld g'müßt, da hat's des net geb'n, außer daß die Bäueri daham war, aber wenn's notwendig war, hat alles auf's Feld g'müßt, net. Da hat kan's daham bleib'n dürf'n." [Frau N. aus W./Mittelfranken] Zwar war das Hacken eine schwere Arbeit, aber sie wurde gemeinsam erledigt, und in Pausen fand man Zeit zum Reden. „Ach des Hacken, des war schön...da hat alles z'amg'holfen. Alles zusammen, des war a schöne Arbeit. Hackn, ja, hab'ns aweng plaudern könna, ja, des war a schöne Arbeit." [Herr G. aus B./Mittelfranken] Nach dem Hacken häufte der Pflug die Erde wieder an.

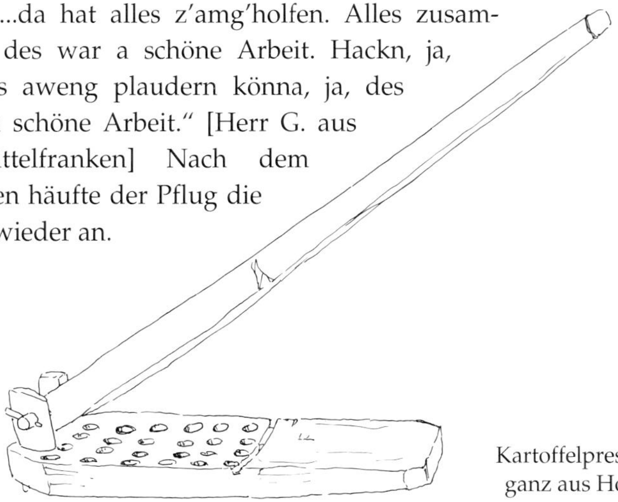

Kartoffelpresse, ganz aus Holz.

Klöße

Tips für's Klößekochen

- Immer zuerst einen Probekloß formen und kochen. Ist er zu weich, zu dem Teig noch Bindemittel in Form von Grieß oder Mehl zugeben; ist er zu fest zur Lockerung Ei oder Flüssigkeit zugeben.
- Wenn Eier bei den Klößen gespart werden sollen, den Teig etwas fester machen.
- Klöße in kochendes Wasser geben, dann aber nur noch gar ziehen lassen.
- Kartoffelklöße kochen nicht ab, wenn man etwas Stärke in das Kochwasser gibt.
- Kloßreste lassen sich vielseitig verwenden. Angebraten, mit Ei oder Speck, oder gewürfelt als Suppeneinlage.
- Bei nicht sehr stärkehaltigen Kartoffeln oder Frühkartoffeln etwas Grieß als Bindemittel zufügen.
- Einer Fertigmischung für Kartoffelklöße zwei rohe, geriebene Kartoffeln zufügen, dann schmecken sie wie hausgemacht.
- Zum Klößekochen einen weiten, flachen Topf verwenden.
- Nasse Teige (aus rohen Kartoffeln) mit nassen Händen, trockene Teige (aus gekochten Kartoffeln) mit bemehlten Händen formen.

Ballnklöße

1 1/2 kg Kartoffeln, 1 Ei, Salz, 2 Eßl. Hartweizengrieß, etwas Kartoffelmehl, Schmalz.

Kartoffeln kochen, schälen und durchdrücken. Mit Ei, Grieß, Kartoffelmehl und einer Prise Salz zu einem festen Teig vermengen. Mit einem Eßlöffel Portionen aus dem Teig abstechen und über dem Handballen flachdrücken. In heißem Schmalz auf beiden Seiten goldgelb ausbacken.

Baumwollene oder Seidene Klöße

750 g gekochte Kartoffeln, 80 g Mehl, 80 g Kartoffelmehl, 2 Eßl. Milch, 2 Eier, Salz, Majoran, 1 Semmel, 20 g Butter.

Kartoffeln möglichst schon am Vortag kochen und durchdrükken. Die Semmel in Würfel schneiden und in Butter anrösten. Restliche Zutaten mit den Kartoffeln zu einem Teig verkneten. Klöße formen, in die Mitte geröstete Semmelwürfel geben. In leicht sprudelndem Salzwasser 15 Minuten ziehen lassen.

Gebackene Klöße (Backerla)

1 kg Kartoffeln, 1–2 Eier, 3 Eßl. Topfen, 1 Zwiebel, 1 Eßl. Grieß, Salz, Pfeffer, Schmalz, 1 Eßl. Essig.

Kartoffeln schälen, waschen und reiben. Eier, Grieß, Topfen und etwas Salz und Pfeffer dazugeben und alles gut vermischen. Zwiebeln reiben und untermengen. Etwas Essig zugeben, damit die Masse nicht braun wird. Schmalz in einer Pfanne erhitzen und eine Kelle der Masse hineingeben. Auf beiden Seiten knusprig braten. Als Bratenbeilage oder zu Kompott.

Grüne Klöße (Griena Glees)

Für fünf Klöße: 8 rohe Kartoffeln, 5 kleinere gekochte Kartoffeln, Kloßhilfe, Salz, kochendes Wasser, Weißbrotwürfel.

Die rohen Kartoffeln schälen, reiben und Kloßhilfe dazugeben. Die Masse ausdrücken und das Kartoffelwasser stehen lassen, bis sich die Stärke abgesetzt hat. Diese dann aus dem Gefäß schaben und zu der Kartoffelmasse geben. Die gekochten Kartoffeln durchdrücken und untermengen. Etwas kochendes Wasser zu der Masse geben und den Teig mit Salz abschmecken. Klöße formen und immer ein paar geröstete Weißbrotwürfel in die Mitte nehmen. Die Klöße in leicht sprudelndem Salzwasser 20 Minuten gar ziehen lassen.

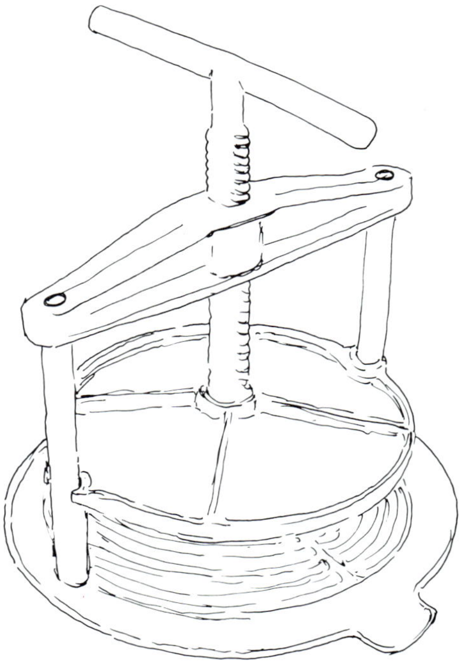

Presse für rohe, geriebene Kartoffeln

Halbseidene Klöße

2 kg Kartoffeln, 2 l Salzwasser, 1 Prise Salz, 2 alte Semmeln, 40 g Fett.

Die Kartoffeln schälen. Die Hälfte in Salzwasser kochen und zu einem Brei verrühren. Die andere Hälfte roh in Salzwasser reiben (ohne Wasser würden sie braun werden), durch ein Tuch seihen und ausdrücken. Die im Topf verbleibende Stärke mit einem Schaber auskratzen und mit dem Brei vermengen. Nun den Kartoffelbrei und die geriebenen Kartoffeln zusammenrühren. Semmeln in Würfel schneiden und anrösten. Aus dem Kartoffelteig Klöße formen und in die Mitte eines jeden Kloßes Semmelwürfel geben. Klöße 30 Minuten in Salzwasser ziehen lassen.

Rohe Kartoffelklöße oder Thüringer

$1\,^{1}/_{2}$ kg Kartoffeln, $^{1}/_{2}$ l Milch, 200–250 g Grieß, 2 alte Semmeln, 20–40 g Fett, Salzwasser, 1 Prise Salz.

Rohe Kartoffeln schälen, in kaltes Salzwasser reiben – sonst werden sie braun – und gut auspressen. Kartoffelwasser absetzen lassen. Milch zum Kochen bringen, Salz zugeben und den Grieß einrühren. Die Masse einige Male aufkochen lassen. Die abgesetzte Stärke des Kartoffelwassers mit einem Schaber aus dem Gefäß kratzen, zu den Kartoffeln geben und alles mit der noch heißen Grießmasse übergießen. Den Teig gut mischen, etwas abkühlen lassen und Klöße formen. In die Mitte eines jeden Kloßes ein paar in Fett geröstete Semmelwürfel geben. In sprudelndem Salzwasser 20 bis 30 Minuten garen.

! Im Handel ist auch eine sogenannte Kloßhilfe erhältlich, die ein Braunwerden der Kartoffeln nach dem Reiben verhindert. Bei Verwendung dieser Kloßhilfe, reibt man die rohen Kartoffeln und bestreut sie gleich mit etwas Kloßhilfe, das Einreiben in das kalte Wasser entfällt, aber die geriebenen Kartoffeln trotzdem noch auspressen und die Stärke absetzen lassen.

Variation mit rohem Grieß

2 kg Kartoffeln, 125 g Grieß, $^{1}/_{4}$ l kochende Milch, Salz, 2 alte Semmeln, 20 g Fett, Salzwasser, Salz, Pfeffer.

$1^{1}/_{2}$ kg rohe Kartoffeln schälen und in kaltes Wasser reiben. Gut auspressen und das Wasser stehen lassen, damit sich die im Wasser enthaltene Kartoffelstärke absetzen kann. Salz, die abgesetzte Stärke und den Grieß über die Kartoffeln geben und das Ganze mit der kochenden Milch übergießen. 500 Gramm gekochte, geriebene Kartoffeln zugeben. Den Teig mit Salz und Pfeffer abschmecken. Semmeln in Würfel schneiden und diese in Fett anrösten. In die Mitte eines jeden Kloßes einige Würfel geben. Die Klöße etwa 30 Minuten in leicht sprudelndem Salzwasser gar ziehen lassen.

Samtklöße

1 kg Kartoffeln, 250 g Kartoffelmehl, Salz, etwas Wasser .

Kartoffeln kochen, schälen und durchdrücken. Mehl, Salz und etwas heißes Wasser zugeben und einen geschmeidigen Teig bereiten. Klöße formen und in sprudelndem Salzwasser etwa 15 Minuten gar ziehen lassen.

! Wenn die Kartoffeln sehr stärkereich sind, wird der Teig zu fest, dann etwas mehr Wasser zugeben (höchstens aber fi Tasse).

Schinkenklöße

1 kg Kartoffeln, 3 Eßl. Mehl, 2 Eier, Salz, 50 g Schinken, Salzwasser, 3 Eßl. Schmalz, 3 Eßl. Semmelbrösel.

Kartoffeln kochen, schälen und durchpressen. Schinken in Würfel schneiden und dazugeben. Mehl, Eiern und etwas Salz untermengen und einen geschmeidigen Teig formen. Mit nassen Händen Klöße formen und in kochendem Salzwasser zehn Minuten ziehen lassen. Klöße herausnehmen und mit in Schmalz gerösteten Semmelbröseln bestreuen.

Die Ernte

Die bückende und helfende Tätigkeit der Frauen und die aufrecht zu verrichtende Arbeit der Männer wiederholt sich bei der Ernte. Erntezeit war Herbst, doch die ersten Frühkartoffeln, auf die sich alle freuten, kamen nach Jakobi (25. Juli). „Jetzt is' Jakobi, jetzt ist die War' g'salzen" hieß es, und man meinte damit, daß jetzt die Knollen einen Geschmack hatten. Die Erntearbeit wird in den Erinnerungen als die besonders mühsame Arbeit empfunden. „Des war a Plag. Des war '27, da hab'n wir scho' 4 Tagwerk Kartoffel g'habt, und da hab'n wir bald aufsteh'n müß'n in Herbst. Da is' ma' früh scho' 'naus, da war's no' dämmrich, da war der Reif an den Kartoffelkraut, und in Abend vorher sind's da oft scho' mit'm Pflug rausg'ackert word'n, so raus, des Beetla so rumg'hob'n, und 'na hat ma an Haken g'habt, an Kral [Kratzgerät, Haue], und da hat ma noch aweng eben g'macht und na is' der Stock 'komma, den hat ma na herg'schüttelt, hat ma immer zwei oder drei Reihen auf a Beetla, daß schee bei'nander war'n zum Ein-

Kartoffelklauben war Gemeinschaftsarbeit. Gesammelt hat man in geflochtene Körbe oder Drahtkörbe. Wertheim/Unterfranken 1940.

Transport der Kartoffeln im geschlossenen Wagen mit Pferden. Aufnahme in Wertheim/Unterfranken 1956.

klaub'n, da is des Einklaub'n schneller ganga...des war a Plag, ich kann Ihnen sag'n, da tut mir des Kreuz heut' noch weh." [Frau B. aus L./Mittelfranken]
Wiederum wird also das Feld durchgepflügt, und diesmal werden die Kartoffeln aus den Beeten herausgeackert. Teilweise noch im Boden mußten sie dann mit der Hand gesucht und in Körben aufgesammelt werden. „...dann ist man halt so durchg'fahrn [mit dem Pflug] und hat die Kartoffeln beiderseit'n 'rausg'ackert, ne, die hat man dann such'n müss'n mit der Hand, ne, aber sie war'n schon a'mal locker, sie war'n schon nimmer im Boden drin, des ist mit'm Pflug g'macht word'n." [Herr G. aus B./Mittelfranken] Dieses Handauflesen wird trotz aller Mechanisierung bleiben, jedenfalls in den fränkischen Landschaften, wo Kartoffelvollernter nicht wirtschaftlich gewesen wären.
Natürlich waren Kinder beim Aufklauben der Kartoffeln beteiligt. „Kartoffelferien" nannte man das. „Wie wir in der Schule ware', dann hat's die Kartoffelferien gebe' und zwar war des immer im Oktober. Da sin' mir als Kinder mit naus..." [Herr H.

aus E./Unterfranken] Auch aus den Städten kamen Kinder auf das Land und halfen bei der Ernte. „Die Kartoffelferien wurden genutzt, die Eltern fuhren aufs Land zur Erholung und die Kinder haben sich ein paar Pfennig Taschengeld beim Kartoffelklauben verdient. Das war meist sehr lustig, mit guter Brotzeit und Limo oder Saft oder Apfelmost verbunden.“ [Herr H. aus S./Unterfranken] Eine Bäuerin aus dem Randgebiet des Steinwalds in der Oberpfalz erzählt aus ihrer Kindheit, daß sie die dreiwöchigen Ferien über zu Bekannten und Verwandten zum Arbeiten geschickt wurde. „Da hat's ja Kartoffelferien geb'n bei uns, und na hab'n wir, wenn wir unsere [Kartoffeln] 'rausg'rissen g'habt hab'n, na hab'n wir zur Großmutter geh'n müss'n nach Linlas vor, hab'n denen mithelf'n müss'n, na hab' i' auf Berndorf zu ein' Bauern no g'müßt... und der Tante hab'n wir no' mit helfen müß'n, wir hab'n überall zueg'müßt' zum Erdäpfelgrab'n, die ganzen Kartoffelferien sin' mir ausg'lastet g'wesen.“ [Frau P. aus B./Oberpfalz]
Nach dem Aufklauben in Weiden– oder Drahtkörbe wurden die Kartoffeln auf Wagen verladen, oft auch in Säcke gefüllt, wenn der Wagen offen war und in den Hof transportiert. Wenn der Keller ein „Kartoffelloch“ hatte, hat man die Knollen dann auf Rutschen hinunterrollen lassen; war dies nicht der Fall, mußte man sie in Säcken in den Keller tragen. Um das Keimen zu verlangsamen, wurden sie möglichst dunkel gelagert. Ferner war ein luftiger Platz notwendig – etwa Kartoffelhorden, also Behälter aus Metall mit Maschengeflecht, oder auch einfache Holzkisten. Auch Kartoffelmieten waren für die Lagerung üblich. „Ja Mieten hat's scho a geb'n, wenn einer kan passenden Keller g'habt hat, na hat er scho Kartoffelmieten g'habt. Ja die warn auf'm Feld“, berichtet eine Gewährsperson. Für Mieten grub man im Garten oder einem nahe gelegenen Feld ein Loch, legte die Kartoffeln hinein und bedeckte sie mit Erde, Stroh und Brettern. So konnte kein Schnee eindringen und die Knollen nicht faulen. Wenn es zu kalt wurde, gab man noch Mist auf die Mieten, um Frostschäden zu verhindern.
Manchmal wurde schon während des Klaubens auf dem Feld

in Speise–, Futter– und Saatkartoffeln sortiert; oft geschah dies aber auch erst in den Wintermonaten, wenn dazu mehr Zeit war. „Da Winter über hat ma' mit Petroleumlampen hat ma' nachher ausgelesen, die faulen getrennt und die kleinen getrennt und die Saatkartoffel getrennt und die großen sin' gewöhnlich verkauft worden." [Frau M. aus W./Mittelfranken]
Dieser Standard galt für bäuerliche Mittelbetriebe mit Pflugeinsatz, also vor dem Aufkommen von Kartoffellegegeräten, Anbauvielfachgeräten und Kartoffelrodern Mitte bis Ende der 50er Jahre. Bei vielen Familien mit Zwang zum Nebenerwerb, bei Häuslern, Häckern, Gütlern, oder wie die Kleinbauern hießen, mit einem kleinen Stückchen Acker, fehlte oft die tierische Antriebskraft, geschweige denn ein Traktor. Diese soziale Gruppe war darauf angewiesen, daß der größere Nachbar den kleinen Acker mitpflügte; ansonsten blieb nur die eigene Handarbeit, das Hacken. Alle 30 bis 40 Zentimeter mußte man mit der Hacke ein Loch machen, in das die Saatkartoffel kam. Mit dem nächsten Loch häufelte man gleichzeitig das letzte zu, so daß man zu dieser Arbeit zu zweit sein mußte: einer hackte, der andere ging hinterher und legte die Kartoffeln. Auch das Jäten mußte in diesem Fall mit der Hacke besorgt werden, wenn der Nachbar das Stückchen Feld nicht mit bestellte.
Ein Gutteil Handarbeit war nötig beim Kartoffelbau in Hanglagen, noch dazu bei steinigen Böden. „Wenn'st du die Erdäpfel an ein' Hang an'baut hast, bist immer weiter runter kommen, und den Erdboden, den hast nur bergab tragen können, aber nicht bergauf, weil bergauf hast ihn nicht 'bracht. Und des nächst Mal [im nächsten Jahr]...hast den Pflug nehmen müß'n, hast den Erdboden wieder aufackern müß'n, sonst wär'st unten andauern weiter 'runter kommen... D'rum sind die früheren Felder, unten am Rand, da is' viel mehr Humus g'wesen wie oben. Auch wenn a Wasser kommen is', a Niederschlag, bringt den Humus mit 'nunter, schwemmt automatisch nach unten." Der Anbau in Hanglagen, wie er zum Beispiel im Fichtelgebirge vorherrschte, erzwang also einen vorsichtigen Umgang mit dem Pflug, der aber gerade bei der

Ernte durch das Lockern des Bodens eine wertvolle Hilfe und eine Zeitersparnis bedeutet hätte. „Normalerweis' hab'n die Bauern, denens pressiert hat, die Erdäpfel umg'ackert, mitsamt 'n Kraut, weil da sind's schneller zum auskral'n [ausgraben] 'ganger, [aber] bei meim Vater hab'ns auskralt werd'n müß'n richtig wie's dort g'standen sin', [denn] durch des Umackern [wäre] der Erdboden [den Hang] 'runter g'schmiss'n word'n..." [Herr Z. aus G./Oberpfalz] Um das ständige Abrutschen des Bodens zu verhindern, blieb also nur das Ausgraben: „...na hat ma's mit'm Kral außer, früher hat ma' alles mit-'m Kral außer, bis amol spater die Vorratsroder komma' sin', und als wir Kinder g'wesen sin', na hat's unser Vatter mit'm Kral aus'grabn, na hab'n mir ausklaubt, na hab'n mir z'amm'schmeiß'n müß'n auf Häuferla...na hat ma' sich hin'kniet und hat die großen [Kartoffeln] außerklaubt, und hat die kleinen außerklaubt, is wieder sortiert word'n. ...am Feld, des is' is richtige g'wesen, da is schee hell g'wesen und da is schee trocken g'wesen und da sin' weniger faule 'neikummer als wie heut mit dem Vollernter." [Frau Z. aus G./Oberpfalz] Vollernter sind auch heute in Teilen der Oberpfalz allein aufgrund des steinigen Bodens nicht einsatzfähig, „weil in' Vollernter kommer die Stein genauso mit 'nei als wie die Erdäpfel a".

Manchmal kam es vor, so berichten unsere Gewährsleute, daß Kartoffeln vom Feld gestohlen wurden. „Die hab'n die Stöck' 'rausgerissen, nit 'rausg'hackt, 'rausgerissen das Kraut beiseite g'schmissen und nacher die große Kartoffel im Sack eing'sammelt." Die Abwesenheit der Bauern wurde geschickt zum Diebstahl ausgenutzt: „Also ich kann mir denken, daß auch im Krieg, ...daß da oft dann unter Mittag, wenn wir daheim war'n mit den Pferd' und alles, wenn daheim gefüttert word'n is' und gegessen worden is', dann sind die anmarschiert und hab'n schnell ihr Zeug' z'amg'sackelt ... mit de Wägele oder auch Huckelkörb, wer kei' Wägele g'habt hat." [Frau M. aus W./Mittelfranken]

Besonders zu Kriegs– und Notzeiten war die Versuchung, es mit dem Eigentum anderer nicht so genau zu nehmen, recht groß, „da war die Moral ein bißchen anders". Nach dem Ersten Weltkrieg, so die Erinnerungen eines 78–Jährigen, war das Klauen von Kartoffeln häufig zu beobachten. „Da war dann sogar ein Feldhüter da, aber manchmal waren die so rabiat, daß sie der Feldhüter nicht verjagen hat können... Und da war's dann so, weil meistens sind vor Mittag die Kartoffel 'raus kommen, daß man Mittag gleich anfangen hat könne' z'ammalesen. Aber dann war der Diebstahl so arg in Richtung Eibelstadt und Lindelbach, dann sind die unter Mittag, wenn man daheim war, sind sie komme' und hab'n die große Kartoffel zusammegelese' und die kleine' hab'n sie liegen gelassen. Und dann ist man halt drauße' gebliebe' und wenn sie komme' sind, naja, sie hab'n Kartoffel kriecht, aber sie mußten helfen z'amlesen und so wie sie kommen sind, so hab'n sie sie nehm' müß', net bloß die schöne' und die große'. Dann war's mal einige Jahre schlimm, des ging da scho' bis 1930, bis 1931, da hat's ja soviele Arbeitslose dann gebe' und da hat's dann auch die Kartoffel gestohle' worde', wegen der Arbeitslosigkeit. Ma' hat's ja versteh' könne', die Leut' hab'n ja kein Geld mehr g'habt, die Armenunterstützung hat nit gereicht." [Herr H. aus E./Unterfranken]

Verständnis für die Armen wird auch deutlich bei dem sanktionierten Nachsammeln im Anschluß an die Ernte, das es bei größeren Gütern wohl gab. Ein Beleg aus Schlesien zur Zeit des Ersten Weltkriegs: „Da hab'n wir Kartoffeln geholt von die großen Felder, wenn die Kartoffeln runter war'n [nach der eigentlichen Kartoffelernte], da liegen noch viele drin, auch unter der Erde. Da hab'n wir alle mit der Hacke, den ganzen Sonntag, Kartoffeln geklaubt. Vater und die Mutter und vier Kinder, alle auf's Feld sonntags und hab'n für uns gehackt. Und dann hab'n wir sie verkooft, gekriegt hab'n wir immer für ein Sack Kartoffeln ein Sack Krautköppe oder man kriegt ein Sack Kohle dafür, konnte Feuer machen. ...brauchte man nicht fragen, wir sind gegangen." [Frau P. aus G.]

Aufkommen und Verbreitung von Aussaat– und Erntemaschinen bedeutete eine grundlegende Rationalisierung im Kartof-

Anbauvielfachgerät AV 4 der Firma Schmotzer (Windsheim) beim Zudecken (4 Reihen Kartoffeln). Werksfoto um 1960.

felbau. Kartoffellegegeräte kamen allerdings in Franken erst nach dem Zweiten Weltkrieg, erst Ende der 50er Jahre in den Einsatz. „...na zuletzt sin' die Maschina oag'schafft word'n, ne, des Leggerät, ne. Des wor a G'stell und zwa [zwei] so Holzkäst'n d'rauf und da sin' die Saatkartoffeln neig'schütt word'n und unten war a Teller und da hast in a jed's Fach a Kartoff'l nei und na wenn's a Schnapperla g'macht hem, na is' der Kartoff'l runterg'fall'n, ne." [Frau E. aus I./Unterfranken] Eine gewisse Feldgröße mußte schon sein, damit sich eine derartige Investition rentierte, aber wie berichtet, wurden Legemaschinen in den mittelfränkischen und unterfränkischen Raum von der Windsheimer Firma Schmotzer ausgeliefert, allerdings als Variante mit Handbetrieb, die manuell bedient werden mußte.

Die Saatkartoffeln wurden von hölzernen Kästen in einen unterteilten Teller gelegt, und von dort aus immer im gleichen Abstand in die Furchen plaziert. Die Maschine besorgte gleichzeitig das Zudecken der Furchen und Anhäufeln der Erde. Größere halbautomatische Maschinen, ebenfalls von Schmotzer/Windsheim gebaut, kamen in den Export nach Niedersachsen oder Schleswig–Holstein.
Eine verbreitete, einige Jahre vorher aufkommende Maschine war das sogenannte Vielfachgerät. Sie wurde nach dem Pflügen des Bodens eingesetzt und rationalisierte die Feldbearbeitung entscheidend, indem sie gleich mehrere Reihen auf einmal zog. Von zwei Pferden wurde sie gezogen oder, nach dem Krieg, von einem Traktor. Mit einem Pflanzlocher, sogenannten Lochsternen, ausgerüstet, stanzte sie Löcher in den Acker-

Kartoffelroder Bavaria M mit Vorlaufwagen für Pferdebetrieb im Einsatz. Aufnahme um 1955.

boden, in welche die Saatkartoffeln kamen. „In diese vorgegebenen Löcher...haben dann die Arbeitskräfte die Kartoffeln hineingeworfen und festgetreten. Dazu hat man Schuhe angezogen, die keine genagelten Sohlen hatten, weil man sonst die Kartoffel verletzt hätte. Das ging alles sehr flott, man brauchte sich nicht mehr bücken." [Herr H. aus S./Unterfranken] Die Anbauvielfachgeräte wurden von Schmotzer/Windsheim in verschiedenen Varianten hergestellt; je nach Verwendung waren sie umbaufähig: im ersten Arbeitsgang wurden die Löcher gestanzt, im zweiten dann die Rinnen zugedeckt.

In den 30er Jahren sind die ersten Kartoffelroder mit Bodenantrieb aufgekommen, die sogenannten Schleuderroder. In Oberfranken beispielsweise hatten bereits 1939 12,7% aller Betriebe „Kartoffel–Erntemaschinen" in Besitz, womit nur Roder gemeint sein können. „Aber da hat man meistens schon Pferd' dazu gebraucht, weil der war scho' ganz schön schwer, ne. ...der Roder hat des ganze Beetle praktisch, der hat also a Schar g'habt, die...hat die Erde mitsamt die Kartoffel ang'hob'n, ja, und hat's dann mit so an rotierenden Rad ...rausg'schleudert, nach einer Seite." [Herr G. aus B./Mittelfranken] Der Schleuderroder vereinigte also die Arbeit des Anhebens und Lockerns mit dem Pflug und des Ausgrabens mit Hacke in einer Maschine. Es liegt auf der Hand, daß diese Art des Kartoffelerntens bei lockeren, sandigen Böden besser funktionierte, als bei schweren, lehmigen. Trotzdem war er eine Arbeitserleichterung. „1927, da hab'n scho' drei [Bauern] ein' Kartoffelgraber g'habt. Wie mei Onkel fertig war mit sein' Acker, da hab'n mir den Graber kriegt leihweise, na is' aweng leichter ganga. Des war wirklich a Erleichterung." [Frau B. aus L./Mittelfranken]

Handarbeit blieb aber auch weiterhin Bestandteil des Arbeitsvorgangs. Erstens mußte jemand den Roder begleiten: „Ja, und da hat aber hintenach noch ein Mann gemußt und hat ein Holzreche' g'habt und hat die Kartoffel, die noch in der Furche gebliebe' sind, die hat er dann mit dem Reche' 'rausg'schleudert. Wenn man wieder kommen is', daß die Furche sauber

Transport im Truhenwagen in Kartoffelsäcken. Wölbersbach bei Münchberg/Oberfranken um 1930.

war, weil immer die vorhergehende Furche, die ist wieder zugedeckt worden mit der Erde und mit der Kartoffel..." [Herr H. aus E./Unterfranken] Und zweitens blieb natürlich das Aufheben der Knollen weiterhin Handarbeit. Eine gewisse Verbesserung boten Schleuderroder mit einem seitlich montierten Fangkorb, denn er half, daß die Knollen in einer relativen Ordnung zu liegen kamen. „...aber des is' auch nicht das richtige g'wesen, weil wir hab'n auch schon ein g'habt, so ein Vorratsroder, und der hat's schon raus, den Erdboden durchg'schüttelt und sin' die Erdäpfel in einer Reihe g'legen. Solang der neu g'wesen is', is' er ganz gut 'ganger, aber wie er amol a paar Jahr länger gebraucht g'wesen is', dann sin' die Eggen spitzig word'n, dann sin' die Erdäpfel verletzt word'n, und die wo verletzt sin', die halten sich nimmer so. Jetzt gibt's wieder ein andern, der schüttelt's außer...der schüttelt andauernd hin und her und dann fallt die Erden unten durch und die Erdäpfel laufen drüber außi. Des is' besser." [Herr Z. aus G./Oberpfalz]

Lagerung der Kartoffeln

- Die Kartoffeln werden auch heute noch am besten in Kartoffelhorden aufbewahrt. Den gleichen Effekt kann man auch mit Holzkistchen erzielen. Kartoffeln aber nie direkt auf den Fußboden schütten, da eine Luftzufuhr von unten gewährleistet sein muß.
- Kartoffeln sollten nicht höher als 40 Zentimeter in dunklen, trockenen Kellern lagern. Die ideale Lagertemperatur liegt bei 4–8 Grad Celsius.
- Nur gesunde, unbeschädigte (mit fester, intakter Schale), saubere und trockene Kartoffeln einlagern. Der Vorrat sollte öfters kontrolliert werden, um angefaulte Knollen rechtzeitig zu entfernen. Bei feuchtkühlem Wetter muß der Lagerraum gelüftet werden.
- Abdecken der Kartoffeln mit Papier oder mit Jutesäcken vermindert das Schrumpfen der Knollen während der Lagerung.
- Verschiedene Kartoffelsorten nicht mischen. Nur mittelfrühe und späte Sorten sind für die Einkellerung geeignet; bei Frühkartoffeln ist die Schale zu dünn. Kartoffeln sind stoßempfindlich und sollten deshalb vorsichtig transportiert werden. Bei Stoßschäden tritt eine Verfärbung des Knollenfleisches ein, es bilden sich blaue Flecken unter der Schale. Diese werden durch einen chemischen Stoffwechselvorgang, bei dem Tyrosin in Melanin umgewandelt wird, hervorgerufen.
- Kartoffeln nur für den Tagesbedarf entkeimen und Keimstellen gut ausschneiden, denn in den Keimen bilden sich giftige Stoffe. Diese sind auch in den, durch Lichteinfall verursachten, grünen Verfärbungen der Knollen enthalten. Der bekannteste Stoff ist Solanin. Es gehört zu den Alkaloiden und kommt in Nachtschattengewächsen vor, z.B. auch in grünen Tomaten. Es führt zu Erbrechen, Durchfall, Benommenheit, Atemnot und Bewußtlosigkeit. Grüne Stellen an den Knollen schon vor dem Kochen ausschneiden, da Solanin beim Kochen geschälter Kartoffeln in das Kochwasser übergeht.
- Frosteinwirkung sollte bei Kartoffeln vermieden werden, da sich die Stärke in den Kartoffeln während der Lagerung in Zucker umwandelt und dieser bei Frost nicht mehr verarbeitet wird. Die Folge davon ist, daß die Knollen leicht süßlich schmecken.
- Kleine Mengen Kartoffeln können im Gemüsefach des Kühlschrankes oder in einem Holz- oder Weidenkorb, abgedeckt mit Papier, aufbewahrt werden. Kartoffeln nicht längere Zeit in Folienpackungen aufbewahren.

Süße Gerichte

Äpfeldransch

1 kg Kartoffel, 4–5 Äpfel, 1 Becher saurer Rahm, Schweinefett, Zucker, Zimt.

Die Kartoffeln kochen und durchdrücken. Äpfel kleinschneiden und unter die Kartoffeln geben. Den Teig in eine gefettete Form geben und mit Fett bestreichen. Sauren Rahm darübergeben und im Backofen backen. Mit Zucker und Zimt bestreuen und servieren.

i Trantsch oder Dransch bedeutet eigentlich soviel wie Kleks oder schlechte Speise; wie diese Köstlichkeit zu diesem negativ behafteten Namen gekommen ist, ist wohl schwer nachzuvollziehen.

Baunzen

1 kg Kartoffeln, 1–2 Eier, 100 g Mehl, 1 Prise Salz, Muskat, 5 Äpfel, Fett zum Ausbacken, nach Belieben Milch.

Gewaschene und geschälte Kartoffeln kochen, noch heiß durch ein Sieb streichen und abkühlen lassen. Eier verquirlen und mit Mehl, Salz und Muskat zur Kartoffelmassse geben. Äpfel kleinschneiden und untermengen. Fünf Zentimeter lange, bleistiftdicke Röllchen formen und in eine Auflaufform geben. Dick mit Schmalz bestreichen und im Ofen goldgelb backen. Wenn die Baunzen auf der einen Seite braun sind, wenden, nochmals mit Schmalz bestreichen und fertig backen. Nach Belieben zum Schluß etwas heiße Milch über die Baunzen geben. Wenn die Milch aufgesogen ist servieren. Dieser Teig muß sofort verwendet werden, da er sonst weich wird.

Buttermilchgötzen mit Preiselbeerkompott

½ l Buttermilch, 125 g Mehl, 3 Kartoffeln, 1 Teel. Salz, Fett.

Buttermilch und Mehl glatt rühren und mit den rohen, geriebenen Kartoffeln vermengen. Mit dem Salz würzen und in heißem Fett Küchle ausbacken. Dazu: Preiselbeerkompott.

Gebratene Kartoffelscheiben mit Äpfeln

500 g Kartoffeln, 30 g Butter, etwas Salz, 250 g säuerliche Äpfel.

Die Kartoffeln kochen, schälen und in dünne Scheiben schneiden. Mit Butter in der Pfanne anbraten und mit etwas Salz würzen. Die in dünne Scheiben geschnittenen Äpfel darüber verteilen und etwa zehn Minuten dünsten lassen, bis die Äpfel gar sind.

Käseküchlein

500 g Topfen, 500 g Kartoffeln, 110 g Mehl, 1–2 Eier, 90 g Zucker, Schale einer halben Zitrone, Fett.

Kartoffeln kochen, schälen und durchdrücken. Topfen durch ein Sieb streichen, mit den Kartoffeln und den restlichen Zutaten vermengen. In heißem Fett kleine Küchlein goldgelb ausbacken. Mit Zucker oder Obst anrichten.

Kartoffelauflauf

250 g Butter, 250 g Kartoffeln, 8 Eier, Schale und Saft einer halben Zitrone, Zucker.

Butter mit Eigelb schaumig rühren. Rohe, geriebene Kartoffeln zugeben. Die Schale und den Saft der Zitrone untermengen und mit Zucker süßen. Eiweiß zu Schnee schlagen und unterheben. Die Masse in eine gefettete Form geben und bei mittlerer Hitze goldgelb backen.

Kartoffelfesel

6–8 am Vortag gekochte Kartoffeln, 2 Eier, 1 Prise Salz, 400 g Topfen, 1 Glas Marmelade.

Die Kartoffeln reiben und mit Eiern und Topfen vermengen. Die Masse mit Salz abschmecken und die Hälfte in eine gefettete Auflaufform geben. Marmelade dick darauf verteilen und den Rest des Teiges daraufgeben. Bei 200 Grad 45 Minuten backen.

i Fesen ist der Balg, der das Getreidekorn umgibt. Abgesondert vom Korn heißt man es Spreu. Da der Teig die Marmelade umhüllt, wie die Fesen ein Getreidekorn, ist dieses Gericht wohl zu diesem Namen gekommen.

Kartoffelküchle

500 g Mehl, 1 Würfel Hefe, 1/4 l Milch, 1 Eßl. Butter, 2 Eier, 2 Eßl. Zucker, 1 Prise Salz, 250 g gekochte, geriebene Kartoffeln, Schmalz zum Ausbacken.

Einen Hefeteig bereiten, die Kartoffeln dazugeben und gehen lassen. Mit einem in das Schmalz getauchten Eßlöffel Küchlein abstechen und in heißem Schmalz schwimmend ausbacken. Nach Belieben noch mit Puderzucker bestreuen.

Kartoffelmaultaschen

1 kg Kartoffeln, 80–150 g Mehl, Salz, 1–2 Eier.
Zur Fülle: 750 g Zwetschgen oder Äpfel, 125 g Fett, 1/8 l saurer Rahm, 80–100 g Zucker, 1/8 l kochende Milch, Zucker.

Die Kartoffeln kochen, schälen und durchpressen. Mit den anderen Zutaten zu einem festen Teig verkneten und eine dicke Rolle formen. Von der Rolle dicke Scheiben abschneiden, tellergroß und messerdick ausrollen. Mit Fett und saurem Rahm bestreichen und mit geschnitzelten Äpfeln oder entsteinten Zwetschgen belegen. Mit Zucker bestreuen, zusammenklappen und die Ränder festdrücken. In eine gefettete Auflaufform geben und goldgelb backen.
Zum Schluß die kochende Milch darübergießen und aufsaugen lassen.

Kartoffelschmarrn oder Kartoffeleierschmalz

1 kg Kartoffeln, 150–200 g Grieß, Salz, Muskat, 2–3 Eier, Schweineschmalz.

Die rohen Kartoffeln reiben und mit Grieß abbröseln. Salz, Muskat und Eier dazugeben und zu einem geschmeidigen Teig verrühren. Den Teig in heißem Schmalz ausbacken.
Dazu: Dünstobst.

i Gebacken wurde früher nicht mit Butter, sondern mit Schmalz. Butter hat man allenfalls als Brotaufstrich verwendet. Das beste Fett zum Ausbacken ist ausgelassene Butter (Rinderschmalz, Schmelzbutter), doch kann man auch ganz reines Schweineschmalz, Kokosfett oder Backfett verwenden. Beim Ausbacken ist es nützlicher, reichlich Fett zu nehmen, da dieses weniger in das Gebäck eindringt und Hefegebäck viel schöner aufgeht, wenn es schwimmen kann. Bei allem Hefegebäck wird die obere Seite zuerst in das rauchend heiße Schmalz gelegt. Die Stücke müssen rasch umgewendet und die Pfanne fleißig geschüttelt werden, damit das Gebäck schön aufgeht.

Kartoffelstrudel mit Äpfeln

500 g Kartoffeln, 1 Tasse Mehl, 1 Ei, 2 Teel. Butter, 1 kg Äpfel, Salz, Zucker, Zimt.

Kartoffeln kochen, schälen und durchdrücken. Mehl, Ei und eine Prise Salz zugeben und alles zu einem festen Teig verkneten. Diesen in 30 Zentimeter breite, viereckige Stücke auswellen und mit der zerlassenen Butter bestreichen. Äpfel schälen, hobeln und auf den Teig geben, mit Zucker und Zimt bestreuen und den Teig aufrollen. Die Rolle auf ein gefettetes Blech legen, mit Butter bestreichen und bei 175 Grad eine Stunde backen.

! Man kann den Teig auch mit Topfen, einem Apfel–Topfen–Gemisch oder beliebigen anderen Früchten füllen.

Strudel mit Kartoffelfüllung

Teig: 250 g Mehl, 30 g Butter, 2 Eier, 1/2 Tasse lauwarmes Wasser, 1 Prise Salz. Für die Fülle: 100 g Butter, 4 Eigelb, 1/2 l Rahm, 6 große Kartoffeln, 70 g Zucker, 4 Eiweiß, Zimt, Zitronenschale, Vanille, 1/2 Tasse Milch.

Aus Mehl, Butter, Eiern und Wasser einen Strudelteig kneten und eine Stunde ruhen lassen. Für die Fülle die Butter mit den Eigelb und dem Rahm schaumig schlagen. Die Kartoffeln schälen, reiben und mit Zucker, Zimt, geriebener Zitronenschale, Vanille und dem Schnee aus den vier Eiweiß vermengen. Die Eigelb–Rahm–Masse unterheben.

Den Strudelteig dünn ausrollen und mit der Masse bestreichen. Den Teig zusammenrollen und auf ein gefettetes Backblech legen. Etwas heiße Milch zugeben und 45 Minuten bei mäßiger Hitze im Backofen backen.

Überbackene Kartoffelklößchen

1 kg Kartoffeln, 200 g Mehl, 1/4 l Milch, 3 Eier, etwas Butter, Schmalz, Salz.

Kartoffeln schälen und kochen. Wenn sie weich sind, das Mehl auf die Kartoffeln geben und kurz mitdünsten, dann das Wasser vorsichtig abschütten. Die Kartoffeln durchpressen und mit der heißen Milch und zerlassener Butter zu einem Brei verrühren. Mit einem Eßlöffel Klößchen aus der Kartoffelmasse abstechen und in eine Pfanne dicht nebeneinandersetzen (nicht glattstreichen!). Zum Schluß die Eier mit etwas Salz verquirlen und darübergeben. Bei 200 Grad im Backofen backen, bis die Eier hell krustig aussehen. Dazu Backobst oder Kompott.

Zwetschgenklöße

1 kg Kartoffeln, 80–150 g Mehl, Salz, 1–2 Eier, 750 g frische Zwetschgen, Zuckerstückchen. Zum Panieren: 2 Eier, 2 Eßl. Wasser, 8 Eßl. Semmelbrösel, 1 Eßl. Zucker, 1 Messerspitze Zimt.

Kartoffeln kochen, schälen und durchdrücken. Mit Mehl, Eiern und einer Prise Salz zu einem festen Teig kneten. Daraus eine Rolle formen und dicke Scheiben abschneiden. Die Scheiben so groß auswellen, daß man eine Zwetschge dünn darin einhüllen kann. Die Zwetschgen entsteinen und anstelle des Kerns ein Zuckerstück (am besten eignet sich Kandiszucker) hineinlegen. Zwetschgen in den Teig einhüllen und in kochendem Salzwasser fünf Minuten ziehen lassen.
Zum Panieren die Eier mit dem Wasser verquirlen. Semmelbrösel mit Zucker und Zimt mischen. Die Klöße in Ei und der Semmelbröselmischung wälzen. In einer Pfanne mit heißem Fett die Klöße goldgelb ausbacken.

! Als Variante die Semmelbrösel mit Zucker und Zimt in Butter rösten und über die Klöße geben. Zwetschgenklöße kann man auch in Mohn, Zucker und Butter wälzen.

Reibedatschi

12 Kartoffeln, 50 g Haferflocken, 4 Eigelb, 1 Prise Salz, 1 Prise Zucker, Fett zum Ausbacken.

Die rohen Kartoffeln reiben und den Saft auspressen. Die Masse mit den Haferflocken und den Eigelb vermengen. Salz und Zucker zugeben. Aus dem Teig Scheibchen formen und im Fett ausbacken. Mit Apfelmus servieren.
Anstelle der Eigelb, kann man auch 1/8 l sauren Rahm verwenden, oder die Haferflocken durch Grieß ersetzen.

Gesundheits– und Schönheitstips

- Haarschwärzer: Einen Kamm in Kartoffelkochwasser tauchen und die Haare mehrmals durchkämmen. Das Haar erhält so eine dunklere Farbe. Sonnenlicht beschleunigt das Dunkeln und festigt die Farbe.
- Gemüsesaftflecken mit rohen Kartoffelscheiben von der Haut reiben.
- Krähenfußglätter: Eine rohe Kartoffel reiben. Je einen Teelöffel der Masse in Mull wickeln und so zwei kleine Kompressen herstellen. Diese Kompressen 15 Minuten auf die geschlossenen Augen legen. Das mindert Krähenfüße.
- Heilkompressen: Kartoffeln sind schlechte Leiter und bewahren Hitze und Kälte lange, darum eignen sie sich gut für Kompressen. Für eine heiße Kompresse Kartoffeln kochen, in ein Tuch einwickeln, zerdrücken und auf die schmerzende Stelle legen. Eine kalte Kartoffel, die man auf eine Ader preßt, soll gegen Bluthochdruck helfen.
- Rohe Kartoffelscheiben auf der Haut lindern den Schmerz bei Sonnenbrand.
- Gegen Durchfall hilft ungesalzener, nur mit Wasser angerührter Kartoffelbrei.
- Gegen Sodbrennen den Saft von rohen Kartoffeln trinken.
- Sinnvoll ist es hin und wieder einen Kartoffeltag einzulegen, da die Kartoffeln durch ihren hohen Kaliumgehalt entwässernde Eigenschaften haben; das entlastet auch das Herz. Ein Kartoffeltag hilft auch das Gewicht zu halten.
- Kartoffeln sind gut für Diäten geeignet, man kann sie auf viele verschiedene Arten zubereiten – in diesem Fall nicht gerade als fetthaltige Bratkartoffeln– so daß Abwechslung gewährleistet ist, und da Kartoffeln sehr wenig Kalorien, weniger als 68 kcal. (285 kJ) pro 100 g, enthalten, kann man sich bei einer Kartoffeldiät auch noch recht gut satt essen.

Kuchen

Apfelkuchen mit Kartoffeln

750 g Äpfel, 3 Eier, 2 Eßl. Milch, 150 g Zucker, 500 g Kartoffeln, geriebene Zitronenschale.

Äpfel schälen, hobeln und mit etwas Zucker bestreuen. Die Eier trennen und Eigelb mit Milch und dem restlichen Zucker gut verrühren. Die Kartoffeln kochen, durchpressen und erkalten lassen. Kartoffeln, Äpfel, Zitronenschale und zuletzt das steif geschlagene Eiweiß unter die Eigelbmasse heben. In eine gefettete Springform geben und bei 175 Grad backen.

! Anstelle der Äpfel können auch Birnen verwendet werden. Bei vielen Kuchen kann man einen Teil des Mehles durch Kartoffeln oder Kartoffelmehl ersetzen.

Erdäpfelgugelhupf

Hefeteig: 500 g Mehl, 20 g Hefe, 1/8 l Milch, 70 g Zucker, 3 Eigelb, 1 Prise Salz, 70 g Fett, 4 mittelgroße, gekochte und geriebene Kartoffeln. 70 g Nüsse, 70 g Rosinen, Anis, Zimt, Ingwer.

Aus etwas Mehl und der in lauwarmer Milch aufgelösten Hefe einen Vorteig machen und gehen lassen. Mit den übrigen Zutaten verrühren und nochmals gehen lassen. Feingeschnittene Nüsse und Rosinen zugeben und nach Belieben würzen. Den Teig in einer gefetteten Gugelhupfform 45 Minuten bei mittlerer Hitze backen.

Gewürzkuchen mit Kartoffeln

4 Eier, 50 g Zucker, 500 g Kartoffeln, 1 Prise Nelkenpulver, 1 Eßl. Zimt, 1 geriebene Zitronenschale, 100 g Orangeat, 50 g Mehl.

Kartoffeln kochen, schälen, durchdrücken und abkühlen lassen. Eier trennen und das Eiweiß steif schlagen. Eigelb mit den Kartoffeln eine halbe Stunde lang schaumig rühren. Die restlichen Zutaten zugeben, zuletzt den Eischnee unterheben und in eine gefettete Kastenform geben. Bei 175 Grad etwa ein einhalb Stunden backen.

Gitterkuchen

250 g Kartoffeln, 250 g Mehl, 200 g Zucker, 150 g gemahlene Nüsse, 1/2 Zitronenaroma, 1 Teel. Backpulver, 2 Eier, 100 g Butter, etwas Milch, 1 Prise Salz, 1 Glas Marmelade als Belag.

Kartoffeln – am besten schon am Vortag– kochen, schälen und durchdrücken. Alle anderen Zutaten unterrühren und zwei Drittel des Teiges in eine gefettete Springform geben. Marmelade darauf verteilen und den Rest des Teiges mit einem Spritzbeutel gitterförmig darauf geben. 30 Minuten im vorgeheizten Backofen bei 170 Grad backen.

Kartoffelbisquit

250 g Zucker, 9 Eier, 500 g Kartoffeln, 1/2 Zitrone.

Zucker mit Eigelb schaumig rühren. Kartoffeln reiben, abgeriebene Schale und den Saft der Zitrone dazugeben und alles gut vermischen. Eiweiß steif schlagen und unter die Masse heben. Teig in eine gefettete Form geben und im Ofen ein bis eineinhalb Stunden backen.

Kartoffelzopf

1 kg Mehl, Salz, 250 g gekochte Kartoffeln, 40 g Hefe, 1/2 l Milch, 1–2 Eier, 40–100 g Fett. Zum Bestreuen: Eigelb, Mohn.

Alle Zutaten zu einem festen Hefeteig verarbeiten und gut gehen lassen. Den Teig in neun Teile teilen. Einen fünfteiligen und einen dreiteiligen Zopf flechten und diese aufeinanderlegen (der dreiteilige sollte etwas kürzer als der fünfteilige sein). Den neunten Teil daumendick ausdrehen und als Abschluß obendrauf legen. Den Zopf nochmals gehen lassen. Mit Eigelb bestreichen und dick mit Mohn bestreuen. Auf ein gefettetes Blech legen und bei mittlerer Hitze eine Stunde backen.

Tips für den Hefeteig

- Alle Zutaten für einen Hefeteig am besten lauwarm verwenden.
- Hefe zum Vorteig mit lauwarmer Flüssigkeit anrühren.
- Beim Gehenlassen den Teig warm stellen – 25 bis 35 Grad Celsius – und vor Zugluft schützen.
- Ein zu warmes Gehenlassen tötet die Hefe, das Gebäck wird trocken und grobporig.
- Zucker, Eiweiß und lauwarme Milch unterstützen die Tätigkeit der Hefe. Fett in direktem Kontakt mit der Hefe hemmt die Tätigkeit. Fett also nie zum Vorteig geben.
- Ein Durchschlagen des Teiges während des Gehens macht ihn besonders feinporig.
- Vor dem Backen Hefegebäck mit Fett bestreichen, das verhindert, daß es zu trocken wird.
- Ein Bestreichen mit Eigelb gibt dem Gebäck eine schöne Farbe und Glanz, außerdem beschleunigt das Eigelb die Bräunung.
- Zur Überprüfung der Backzeit ein Holzstäbchen einstechen, es muß trocken bleiben, dann ist das Gebäck fertig. Bei zu langem Backen wird das Gebäck trocken und spröde.
- Erkaltetes Hefegebäck ist bekömmlicher als warmes.

Kartoffelkrümelkuchen

250 g Mehl, 1 Päckchen Backpulver, 125 g Kartoffeln, 50 g Semmelbrösel, 125 g Zucker, 1 Päckchen Vanillezucker, 1 Fläschchen Rum–Aroma, 1 Prise Salz, 1 Ei, 35 g Fett. Fülle: 500 g Äpfel.

Mehl und Backpulver in eine Schüssel sieben. Die am Vortag gekochten und durchgepreßten Kartoffeln und die Semmelbrösel dazugeben. Mit den anderen Zutaten einen krümeligen Teig herstellen – bei Bedarf etwas Wasser zugeben. Die Hälfte der Krümel in eine gefettete Springform füllen und gut andrücken. Die Äpfel schälen, kleinschneiden und daraufgeben, so daß am Rand etwa ein Zentimeter frei bleibt. Nun die restlichen Krümel daraufgeben und den Rand gut festdrücken. Bei mittlerer Hitze 35 Minuten backen.

Kartoffelmarzipantorte

600 g Kartoffeln, 2 Fläschchen Bittermandelöl, 200 g Zucker, 1 Tortenboden, 3 Eßl. Marmelade, Zucker, Semmelbrösel. Füllung: 1/2 Päckchen Puddingpulver Vanille,1/4 l Apfelsaft, 3 Eßl. Zucker.

Für den Pudding den Saft zum Kochen bringen und Zucker und Puddingpulver einrühren. Abkühlen lassen, aber aufpassen, daß er nicht fest wird.
Für die kandierten Semmelbrösel Zucker heiß machen und in den verflüssigten Zucker die Brösel rasch einrühren. Abkühlen lassen und dann etwas zerkleinern.
Kartoffeln am Vortag kochen und durchdrücken. Mit Bittermandelöl und Zucker gut vermengen. Einen Tortenboden zweimal durchschneiden und die untere Hälfte mit Marmelade und Pudding bestreichen. Darauf den mittleren Tortenboden legen. Diesen mit der Hälfte des Kartoffelmarzipans bestreichen. Den obersten Tortenteil drauflegen und die ganze Torte mit dem Kartoffelmarzipan bestreichen. Die Torte dann noch mit kandierten Semmelbröseln bestreuen.

Kartoffelkuchen I

300 g Mehl, 20 g Hefe, 25 g Zucker, 1/8 l Milch, 250 g geriebene Kartoffeln, 1 Ei, 1 Prise Salz, 100 g Rosinen.

Aus Mehl, Hefe , Zucker und Milch einen Hefeteig herstellen, mit den übrigen Zutaten verkneten und 30 Minuten gehen lassen. Masse in eine Form füllen und eine Stunde bei mittlerer Hitze backen.

i Die Hausfrauen der Kriegsgeneration wußten sich zu helfen. Mußte Mehl eingespart werden, so wurde es durch geriebene Kartoffeln ersetzt. So gab es an Feiertagen auch mal einen Kartoffelkuchen. Statt Nüssen verwendete man Haferflocken, statt Vanilleschoten nahm man Vanillin. Mit Zucker versuchte man sparsam umzugehen.

Kartoffelkuchen II

500 g Kartoffeln, 2–3 Eier, 250 g Zucker, abgeriebene Zitronenschale, 1 Eßl. Rum, 1 Prise Salz, 1 Teel. Backpulver, Puderzucker zum Bestreuen.

Kartoffeln am Vortag kochen und reiben. Eier trennen und Eiweiß steif schlagen. Eigelb und Zucker schaumig rühren. Die anderen Zutaten dazugeben und zuletzt den Eischnee unterheben. In eine gefettete Form füllen und bei guter Hitze etwa eine Stunde backen. Abkühlen lassen und mit Puderzucker bestreuen.

Kartoffelkuchen III

250 g Kartoffeln, 250 g Stärkemehl, 250 g Zucker, 125 g Butter, 125 g Weizenmehl, 1 Päckchen Backpulver, 1 Prise Salz, abgeriebene Zitronenschale, 2 Eier.

Die Kartoffeln kochen, durchpressen und abkühlen lassen. Zusammen mit den anderen Zutaten gut verrühren; der Teig wird ziemlich fest. Diesen in eine gefettete Form geben und bei mäßiger Hitze etwa eine Stunde backen.

Kartoffelrührkuchen

50 g Butter, 150 g Zucker, 250 g Grieß, 300 g Kartoffeln, 1 Päckchen Backpulver, 1 Zitrone, 1 Ei, Puderzucker zum Bestreuen.

Kartoffeln kochen und durchdrücken. Zitronenschale reiben und die Zitrone auspressen. Butter, Zucker und Ei schaumig rühren und die übrigen Zutaten dazu geben. Den Teig in eine kleine Form geben und bei 180 Grad eine Stunde backen. Nach dem Backen mit Puderzucker bestreuen.

Kartoffeltopfentorte

250 g Kartoffeln, 250 g Topfen, 125 g Zucker, Schale und Saft einer Zitrone, 3 Eier, 1 Päckchen Backpulver.

Eigelb, Zucker und Zitronensaft schaumig rühren. Nacheinander Topfen, die am Vortag gekochten und geriebenen Kartoffeln, Backpulver und die Zitronenschale dazugeben. Zuletzt das steif geschlagene Eiweiß unterheben. In eine gefettete Form geben und bei mittlerer Hitze eine bis eineinviertel Stunden backen.

Kartoffeltorte

3 Eier, 300 g Zucker, 375 g Kartoffeln, 100 g Mehl, 1 Päckchen Backpulver, 1 Prise gemahlene Nelke, 1 Teel. Zimt, Schale 1/2 Zitrone, 125 g gemahlene Haselnüsse, 50 g Zitronat. Marmelade zum Füllen, Fett und Semmelbrösel für die Form. Punschglasur.

Kartoffeln kochen, durchdrücken und abkühlen lassen. Eier trennen und Eiweiß steif schlagen. Eigelb und Zucker schaumig rühren und die übrigen Zutaten zugeben. Zuletzt den Eischnee, gesiebtes Mehl und Backpulver untermengen. Eine Form einfetten und mit Semmelbröseln ausstreuen. Den Teig einfüllen und bei mäßiger Hitze eine Stunde backen. Nach dem Erkalten die Torte durchschneiden und mit Marmelade füllen. Dann die Torte mit Punschglasur beziehen.

! Punschglasur: *200 g Puderzucker, 1 Eßl. Zitronensaft, 1 Eßl. Arrak, 1 Eßl. warmes Wasser, 1 Eiweiß.* Gesiebten Puderzucker mit der Flüssigkeit so lange rühren, bis die Masse glatt ist. Dann sofort über die Torte geben.

Kirschtorte

500 g mehlige Kartoffeln, 2 Eier, 200 g gemahlene Mandeln, 200 g Zucker, 500 g Sauerkirschen, 2–3 Eßl. Puderzucker, 1 Päckchen Vanillezucker, 1 Teel. Zimt, 1 Prise Salz, 1 Prise gemahlene Nelken, Fett für die Form.

Die gekochten Kartoffeln (am besten vom Vortag) reiben. Die Eigelb mit 150 Gramm Mandeln, 150 Gramm Zucker, Vanillezucker, Salz, Zimt und Nelken dazugeben und zu einem geschmeidigen Teig verarbeiten.
Die Kirschen entkernen, mit dem restlichen Zucker bestreuen und ziehen lassen. Zwei Drittel des Teiges in eine gefettete Springform geben und einen hohen Rand formen. Die restlichen Mandeln und die abgetropften Kirschen hineingeben. Aus dem Teigrest kleine Rollen formen, gitterförmig über die Kirschen legen und mit dem verquirlten Eiweiß bestreichen. Bei 200 Grad eine Stunde backen. Nach dem Abkühlen mit Puderzucker bestäuben.

i Zimt wird aus der Rinde des Ceylonzimtbaumes, von den kleinen, bis zu 3 cm dicken abgeschnittenen Ästen gewonnen. Die Rinde wird abgeschält und getrocknet. Der Zimtbaum gehört zu der Gattung der Lorbeergewächse, er wird bis zu 12 m hoch, mit ovalen, bis zu 12 cm großen Blättern. Zimt kommt zusammengerollt als Stangenzimt oder gemahlen in den Handel. Man verwendet ihn für Süßspeisen, Kuchen und Glühwein.

Kartoffelkäfer–Such'

Eine gemeinschaftliche Arbeit war das Sammeln der Kartoffelkäfer. Als Schädling war er bereits Ende der 70er Jahre des 19. Jahrhunderts bekannt. Durch den Schiffs- und Transportverkehr wurde er von der amerikanischen Ostküste nach Europa eingeschleppt. Doch das „Schädlingsproblem" des 19. Jahrhunderts war die Kraut- und Knollenfäule, die nicht nur in Irland zu Ernährungskrisen geführt hat, und offenbar nicht der Kartoffelkäfer. Er breitet sich ab den 30er Jahren des 20. Jahrhunderts rasch in Westeuropa aus. Eine Gewährsperson berichtet aus ihrer Kindheit: „...da hat uns 1936 damals mein Onkel erklärt, da kommt jetzt aus Frankreich der Kartoffelkäfer, der is' jetzt schon an der Grenze, ne. Und mit dem wird man noch Probleme hab'n in Deutschland, ne. Da, wenn der also richtig überhand nimmt, da könn' ma' 'n Kartoffelbau vergessen, ne.... Und der Kartoffelkäfer is' natürlich dann auch gekommen, ne, und alle Jahr vielleicht auch 100 Kilometer weiter, ins Landesinnere, ne, und...1941/42 die ganze Kriegszeit her, hat ma' also immer Kartoffelkäfer such'n müss'n, in der Zeit von Ende Mai bis Mitte August." [Herr G. aus B./Mittelfranken]

Den Erinnerungen zufolge waren während des Krieges und danach Kartoffelfelder oft rot von Larven gewesen. Unter Umständen war binnen ein, zwei Tagen ein Feld leergefressen. Ziemlich übereinstimmend wird erzählt, daß während des Krieges Kartoffelkäfer aus amerikanischen Flugzeugen abgeworfen wurden. „Damals sind's kummer und hab'ns rüber'bracht, hab'ns rüberg'schleppt, des is' vom Krieg, da wenn's mit die Flugzeuge kumma sin', hab'ns sie's abg'schmiss'n, vorher hat' ma' sie ja net 'kennt." [Frau P. aus B./Oberpfalz] „Des G'schlamp", erzählt eine 84jährige ehemalige Dienstmagd, „des G'schlamp kummt alles von Amerika. Früher als Kind hab' ich nix g'wußt von an' Kartoffelkäfer, erst später dann." [Frau K. aus I./Mittelfranken] Eine andere Gewährsperson bringt auch ehemalige französische Alliierte ins Gespräch: „Da gab's noch keine [Kartoffelkäfer] in Sommerhausen. Und da auf einmal, wie der Krieg fast zu Ende war, da hab'n sie g'sagt, die Franzosen hab'n sie abg'schmissen. Sind sie in Randersacker aufgetreten. Da hätt'n sie die Franzosen vom Flugzeug abg'schmissen und dann hab'n mir sie auch g'habt. Des war a arge Plag'. ...die Larven waren ja so schlimm, die hab'n ja im Nu ein' Stock abg'fressen g'habt." [Frau B. aus S./Unterfranken]

Schwierig ist es, die Behauptungen über den alliierten Einsatz von Kartoffelkäfern zur Zerstörung der Ernten zu beurteilen, zumal sie trefflich in die Kriegspropaganda paßten. Aber sie werden von verschiedenen Seiten aufgestellt und immer mit dem persönlichen Erleben untermauert. Die Käfer waren jedenfalls da und mußten – notgedrungen gemeinschaftlich – aufgesammelt werden. Die Organisation war wohl Gemeindeangelegenheit, und die gemeinschaftlichen Sammelaktionen waren für das Zusammengehörigkeitsgefühl gerade während des Krieges sicher von Nutzen. Wie erfuhr man von einer Sammelaktion? „Des is' ausg'schellt word'n. – Kartoffelkäfer Such'." Konkret: der Gemeindediener ging von Haus zu Haus oder durch die Straßen und kündigte an, zu der und der Zeit habe sich aus jedem Haus eine Person einzufinden. Gemeinsam ging man dann durch die Felder, nicht nur durch die eigenen, und suchte Käfer, nicht immer mit Erfolg und nicht immer mit großem Einsatz. „Naja, da hat ma durchlauf'n müss'n, hat plaudern könna, des war doch schön, ne. Eigentlich hätt' ma' unter die Blätter schau'n müss'n, aber des wär', des wär' zu schwierig gewesen." [Frau G. aus B./Mittelfranken]

Für das Aufsammeln der Kartoffelkäfer wurden auch Kinder eingesetzt. Sie mußten die Felder durchlaufen mit Büchsen oder Flaschen in der Hand. „Ja, da hab'n mir so a Dose gekriegt, da war, glaub ich, Petroleum drin..." [Frau H. aus S./Unterfranken] Ein paar Pfennige Belohnung winkten den Kindern für jeden Käfer: „Da war ich noch im Kindergarten und dann in den ersten beiden Schuljahren, da sind wir und

ältere Jugendliche durch die Kartoffeläcker gegangen, um Kartoffelkäfer zu sammeln. Jeder hatte vier Reihen zu beobachten und für jeden Käfer, den wir gefunden hatten, gab es fünf Pfennig, für jede Larve zwei Pfennig und für ein Blatt mit Kartoffelkäfereiern auch fünf Pfennig. Ich kann mich erinnern, daß ich den ganzen Nachmittag keinen Kartoffelkäfer gefunden habe, vielleicht einmal zwei, drei Larven." [Herr H. aus S./Unterfranken]
Unmittelbar nach dem Krieg dann wurden Kartoffelkäfer mit chemischen Mitteln bekämpft. Zum Einsatz kam das Nervengift DDT (1971 verboten), das dem großzügigen Blick der Käfersammler ein Ende machte; den Käfern auch. Endlich aber auch jener Arbeitsgeselligkeit, der wir derartige Erzählungen verdanken.

Schädlinge und Krankheiten

„Vom Pflanzgut hat man immer ein Drittel zugekauft, zwei Drittel hat man nachgebaut. Nur alle drei Jahre sind Kartoffeln auf dem gleichen Acker angebaut worden, sonst waren die Krankheiten und die Schädlinge zu stark." [Herr S. aus Rüdisbronn]

- ***Kartoffelälchen*** *(Heterodera rostochiensis):*
  Das Kartoffelälchen, Kartoffelnematode, ist ein etwa 1mm langer Kartoffelschädling. Die weibliche Form ist kugelig, die männliche langgestreckt. Das Kartoffelälchen schädigt das Wurzelgewebe und führt so zu Wachstumsstörungen der Knollen und Absterben der Blätter. Die einfachste Bekämpfungsmöglichkeit ist der Fruchtwechsel. „Bei uns gibt es Sandboden, da sind viel Kartoffeln angebaut worden. In den 50er und 60er Jahren sind so viel Kartoffeln angebaut worden, daß sie krank geworden sind, sie haben die Nematodenkrankheit bekommen." [Herr S. aus Rüdisbronn].
- ***Kartoffelerdfloh*** *(Psylliodes affinis):*
  Die Larven des etwa 3 mm großen, braungelben Erdflohs fressen ebenfalls die Wurzeln der Kartoffeln und rufen dieselben Symptome wie das Kartoffelälchen hervor.
- ***Kartoffelmotte*** *(Phthorimaea operculella):*
  Die 1,5 cm spannende, zu den Tagesmotten gehörende Kartoffelmotte

kann man an den gelben Längslinien auf den Vorderflügeln erkennen. Sie legt ihre Eier in die gelagerten Kartoffeln und ihre Raupen wachsen unter der Schale der Kartoffeln heran.

- ***Kartoffelkäfer*** *(Leptinotarsa decemlineata):*
  Nach seinem Ursprungsgebiet, dem Colorado–River in Kalifornien, wird er auch Coloradokäfer genannt. Der etwa 1cm breite, elliptische, gelbe Blattkäfer hat 10 schwarze Längsstreifen auf den Flügeldecken. Die Larven sind rötlich mit je zwei Seitenreihen schwarzer Warzen. Beides sind gefürchtete Schädlinge, die die Pflanzen völlig kahl fressen. Nach Bekanntwerden größerer Schäden in Amerika erließ das Deutsche Reich 1875 ein Einfuhrverbot für amerikanische Kartoffeln. Aber trotz des Verbotes wurde der Käfer erstmals 1877 auf deutschen Äckern gesehen. In den folgenden Jahren wurden aber kaum Käfer gesichtet, so daß sich die Aufregung schnell wieder legte. Eine zweite Einschleppung des Käfers vermutet man 1917 im Zuge der amerikanischen Invasion bei Bordeaux. Besonders im Dritten Reich nahm der Befall in Deutschland zu, es wurde ein Kartoffelabwehrdienst organisiert. Der Käfer ist heute bis nach Weißrußland vorgedrungen. Die Bekämpfung erfolgt über Kontaktinsektizide.
- Ferner werden Kartoffeln noch von *Zikaden, Drahtwürmern, Wintersaateulen, Wiesenschnaken* und *Blattläusen* geschädigt.
- ***Kartoffelkrebs:***
  Diese Krankheit wird durch den Pilz *Synchtyrium endobioticum* hervorgerufen. Er verursacht tumorartige Zellwucherungen, die die Größe eines Blumenkohles erreichen können. Diese Wucherungen verfaulen und zerfallen, so daß die nächst Sporengeneration den Boden verseucht. Gegen den Kartoffelkrebs hat man resistente Sorten gezüchtet.
- ***Kartoffelschorf:***
  Der Kartoffelschorf wird durch den Pilz *Streptomyces scabies* hervorgerufen. Der Pilz verursacht in der Schale rauhe Schorfstellen und führt zu einem unangenehmen Geschmack.
- ***Pulverschorf:***
  Durch den Pilz *Spongospora subterranea* bilden sich an Wurzeln, Knollen und Ausläufern Pusteln, die mit den Sporen des Pilzes gefüllt sind. Diese platzen auf und führen so zur weiteren Verbreitung des Pilzes.
- ***Kraut– und Knollenfäule:***
  Sie wird durch den falschen Mehltaupilz *Phytophthora infestans* hervorgerufen. Zuerst bilden sich gelblichgrüne Blattflecken, dann stirbt das Kraut der Kartoffelpflanze ab. An der Grenze der Blattflecke ist in den Morgen- und Abendstunden ein weißer Saum zu sehen, der von den Sporangienträgern gebildet wird. Die Sporen gelangen bei Regen von den Blätter in den Boden und infizieren so auch die Knollen. Sie verursachen braune, eingesunkene Flecke auf der Schale und braunverfärbtes, verhärtetes Knollenfleisch.

Schon Ende des 16. Jahrhunderts berichtete ein mexikanischer Schriftsteller über eine Art Mehltau an den Kartoffeln. Die Krautfäule trat schon früh in Europa auf, ohne zunächst größere Schäden anzurichten. Das erste epidemieartige Auftreten wurde 1831 aus England gemeldet. In Deutschland wurden die großen Hungersnöte von 1840 und 1845 auch durch die Knollenfäule verursacht. Die sogenannte Kartoffelpest wütete 1846/46 nicht nur in Deutschland, sondern auch in Frankreich, Belgien und allein in Irland starben etwa 1 Millionen Menschen an Hunger und dadurch verursachten Krankheiten wie Typhus und Cholera. Die Hungersnot schürte Unruhen, es gab eine große Auswanderungswelle nach Amerika, und in Deutschland bildete sie die Grundlage für die Revolution von 1848.

- ***Rhizoctonia–Krankheit:***
  Sie wird durch den Pilz *Rhizoctonia solani* hervorgerufen und führt zu Ertragseinbußen von etwa 10%. Vorkeimung des Pflanzgutes und optimale Pflanzbedingungen schränken das Ausmaß der Krankheit ein.
- ***Schwarzbeinigkeit und Knollennaßfäule:***
  Erwinia carotovora. Die Krankheit wird durch Bakterien verursacht. Durch den Naßfäulebrei findet eine starke Infektionsausbreitung statt. Bei Verarbeitungsprozessen ist deshalb auf eine strenge Selektion von kranken Knollen und Pflanzen zu achten. Entgegenwirken kann man der Krankheit durch Einhalten der Rodereife, gute Lagerung und Verhinderung von Schädigungen der Knollen.
- Zu den Viruskrankheiten der Kartoffel zählen die *Blattrollkrankheit, Stengelbunt, Strichelkrankheit, Aucuba Mosaik* und die *Spindelknollenkrankheit.* Hier hilft nur strenge Selektion und die Züchtung von virusresistenten Sorten. Zur Verbreitung von Viruskrankheiten, tragen Blattläuse bei.
- Zu den nichtparasitären Schädigungen der Kartoffel gehören Frost- und Hitzeschäden. Sie führen zum Absterben von Gewebe, zum Teil auch innerhalb der Knollen.

Herzhaftes Gebäck

Danoitscher

500 g Kartoffeln, 200 g Topfen, Salz, 2–3 Eßl. Grieben, 100–150 g Mehl, 1 Zwiebel, 1 Ei, Pfeffer.

Kartoffeln kochen, durchpressen und abkühlen lassen. Mit Topfen, Salz, Grieben und Mehl vermischen. Gedünstete Zwiebelwürfel und Ei zugeben. Den Teig mit Pfeffer abschmecken und dünn ausrollen. Dünne Streifen ausschneiden, auf ein gefettetes Blech setzen und goldbraun backen.

Kartoffelblätterteiggebäck

125 g Mehl, 125 g Butter, 125 g Kartoffeln, 1 Prise Salz, Eigelb, Salz, Kümmel.

Die Kartoffeln am Vortag kochen und durchdrücken. Butter zerlassen, abkühlen lassen und mit Mehl, Kartoffeln und einer Prise Salz zu einem Teig vermengen. Den Teig einige Zeit ruhen lassen – dabei kühl stellen. Dann einige Male ausrollen und wieder zusammenkneten. Zuletzt einen halben Zentimeter dick ausrollen und beliebige Formen ausstechen. Diese mit Eigelb bestreichen und mit Salz und Kümmel bestreuen. Bei guter Hitze goldgelb backen.

Kartoffelplätzchen

Kartoffelgrundteig. Muskat, Curry, Kräuter, Semmelbrösel, Fett.

Den Grundteig mit Muskat, Curry und gehackten Kräutern abschmecken. Daraus dann Bällchen formen und platt drücken. In Semmelbröseln wälzen und in heißem Fett ausbacken.

Kartoffelstangen

200 g Kartoffeln, 200 g Mehl, 150 g Butter, 1/2 Eßl. Salz, Eigelb, Kümmel, Salz, Fett.

Kartoffeln kochen, schälen und reiben (am besten schon am Vortag). Mit Mehl, Butter und einer Prise Salz gut kneten und aus dem Teig kleine Rollen formen. Diese auf ein gefettetes Blech legen, mit Eigelb bestreichen und Kümmel und Salz daraufstreuen. Bei guter Hitze goldgelb backen.

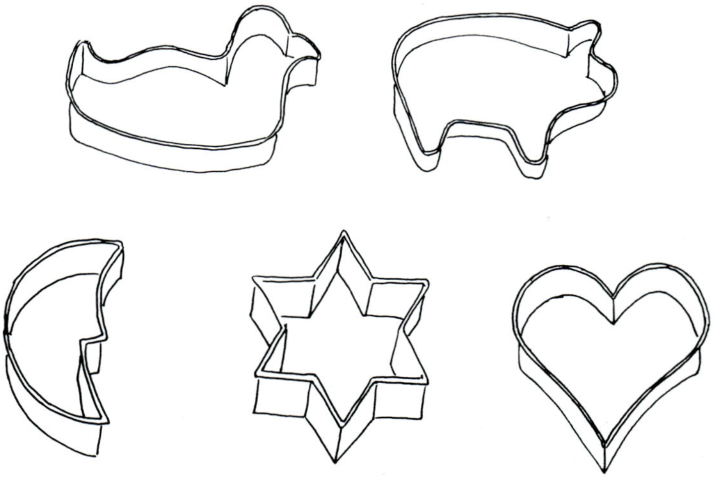

Süßes Gebäck

Kartoffelhörnchen

300 g Mehl, 250 g Kartoffeln, 1 Päckchen Backpulver, 1–2 Eßl. Wasser, 1 Ei, 80 g Zucker, 50 g Fett. Zum Füllen: Marmelade. Zum Bestreichen: Fett, Ei. Zum Bestreuen: Zucker.

Aus Mehl, Ei, Zucker, Wasser und Backpulver einen Teig rühren. Kartoffeln kochen, schälen, reiben und abkühlen lassen. Kartoffeln und Fett zum Teig geben. Diesen rund ausrollen und dann achteln. Fülle an die Breitseite der so entstehenden Ecken geben, aufrollen und zu Hörnchen biegen. Mit Ei und Fett bestreichen und 20–30 Minuten bei mittlerer Hitze backen. Noch heiß mit Hagelzucker bestreuen.

Kartoffellebkuchen

350 g Kartoffeln, 225 g Mehl, 350 g Zucker, 3 Eier, 25 g Zitronat, 25 g Orangeat, 1 Teel. Zimt, 1 Teel. Nelkenpulver, 250 g gemahlene Nüsse, 50 g Schokostreusel, 1 1/2 Päckchen Backpulver, etwa 40 große Oblaten.

Kartoffeln kochen, durchpressen, abkühlen lassen und mit den übrigen Zutaten vermengen. Oblaten auf ein Backblech legen und etwa zwei Eßlöffel des Teiges auf jede Oblate geben. 20 Minuten bei 200 Grad backen. Nach Belieben noch mit Schokoglasur bestreichen.

i

Zitronat: in Zuckerlösung haltbar gemachte Schale unreifer, grüner Zitronatzitronen.
Orangeat: kandierte Orangenschalen.

Brot

Kartoffelbrot I

500 g Kartoffeln, 3/4 l Vollmilch, 500 g Weizenmehl, 1 Ei, 2 Eßl. Öl, 2 Teel. Salz, 3 Teel. Zucker, 40 g Hefe.

Rohe Kartoffeln reiben und mit kochender Milch übergießen. Die anderen Zutaten untermengen und so lange rühren, bis sich der Teig vom Schüsselrand löst. Den Hefeteig gehen lassen und dann zu einem Brotlaib formen. Auf ein gefettetes Blech oder in eine entsprechende Brotform geben und bei 225 Grad etwa eine Stunde backen.

Kartoffelbrot II

250 g gekochte, geriebene Kartoffeln, 500 g Mehl, 50 g Fett, 60 g Zucker, 2 Eier, 20 g Hefe, 1 Prise Salz, etwas lauwarme Milch.

Hefe mit etwas lauwarmer Milch und Mehl anrühren und gehen lassen. Die anderen Zutaten dazugeben und den Teig gut durchkneten. Einen Stollen formen und nochmals gut gehen lassen – der Teig braucht etwas länger als ein normaler Hefeteig. Bei 225 Grad etwa 45 Minuten backen.

Schwarzbrot mit Kartoffeln

1 kg Roggenmehl, 500 g Kartoffeln, 30 g Hefe, 1 Stück Sauerteig (eigroß), Wasser, Salz.

Von dem mit lauwarmen Wasser verdünnten Sauerteig rührt

man abends in der Mitte des Mehls einen Vorteig an und läßt ihn zugedeckt bis zum Morgen gehen. Dann die Kartoffeln kochen, schälen und durchdrücken. Mit dem Vorteig, Kartoffeln, Hefe, Salz und Wasser einen festen Teig kneten, bis er sich vom Schüsselrand löst. Den Teig etwa zwei Stunden gehen lassen. Einen Laib formen, in eine Brotbackform geben und nochmals eine halbe bis eine dreiviertel Stunde gehen lassen. Das Brot bei 200 Grad eine Stunde backen.

! Wenn man keinen Sauerteig hat, nimmt man die doppelte Menge Hefe. Vom Teig kann man ein Stück als Sauerteig für das nächste Brot zurückbehalten. Mit Mehl bestäubt, läßt sich Sauerteig an einem kühlen Ort oder im Kühlschrank zugedeckt gut aufbewahren.

Kartoffel und Aberglaube

Der Aberglaube rund um die Kartoffel gründet in Vergiftungen, die durch den Verzehr der grünen Beeren an Stelle der Knollen auftraten. So schrieb man der Kartoffel todbringende Eigenschaften zu, man bezeichnete sie als „Speichel des Teufels“.

Eine Vielzahl negativer Eigenschaften wurde der Kartoffel attestiert: So glaubte man, sie verursache Schweißausbrüche, Durchfall und Übelkeit, sogar für die Pest hat man sie verantwortlich gemacht – ihr Aussehen erinnerte wohl an die Beulenpest.

Stellenweise war der Anbau der Kartoffel verboten. Nicht zuletzt die Kirche versuchte die Verbreitung des Kartoffelanbaus zu verhindern. In Schottland verbot sie die Kartoffel mit der Begründung, sie sei nicht in der Bibel erwähnt und deshalb ein Kraut des Teufels. Die orthodoxe Kirche hielt die Kartoffel wegen der vegetativen Vermehrung für die Inkarnation des Bösen, sie würde Dummheit verursachen.

Wuchs auf dem Feld eine Kartoffel mit weißen Blättern, galt das als Zeichen, daß es in der Familie einen Todesfall geben wird. Gab es noch einige grüne Stellen an den Blättern, glaubte man an einen Todesfall in der Verwandtschaft.

In der Volksmedizin fanden Kartoffeln gegen Warzen und Rheuma Verwendung. Man rieb Warzen mit einer Kartoffelscheibe ein und warf sie dann an einen Ort, wo weder Sonne noch Mond hinschien, oder vergrub sie unter der Dachtraufe. Eine Kartoffel in der Hosentasche oder an einer Schnur um den Hals getragen, bis sie vertrocknet war, sollte helfen Rheuma zu heilen und vorzubeugen.

Haltbarmachung

Schon die Inkas entwickelten eine ausgefeilte Methode, um Kartoffeln quasi unbegrenzt haltbar zu machen. Der größte Teil der Kartoffeln wurde durch Entwässern zu *Chuños* verarbeitet. Dazu legte man sie in einer Höhe von 3000 bis 4500 Metern 10 bis 12 Tage unzerkleinert auf Strohmatten und setzte sie der Witterung aus. Dadurch wurden sie weich und runzelig. Durch Kneten wurde dann das Wasser ausgepreßt, und anschließend trocknete man sie in der Sonne. Schon im 1. Jahrtausend n. Chr. dienten diese getrockneten Kartoffeln als Tauschmittel und wurden eigene Lagerhallen für *Chuños* gebaut.

1785 wurde in der „Oekonomisch–technologischen Encyklopädie" eine Trocknungsmethode für Kartoffeln vorgestellt. Man empfahl die Kartoffeln zu kochen, in Scheiben zu schneiden und in der Resthitze des Backofens nach dem Brotbacken zu trocknen. Daraufhin wurde ein Wettbewerb ausgeschrieben, wie man Kartoffeln auch für Brot und Gebäck verwenden könnte. Daraus ging die Idee hervor, die getrockneten Kartoffelscheiben zu mahlen und als billiges Mehl für Brot und Gebäck zu nehmen.

Ab 1918 wurden wieder verstärkt Anstrengungen im Hinblick auf die Kartoffeltrocknung für Futterzwecke unternommen, um große Lagerverluste zu vermeiden. Neben einfachen Darren kamen Walzen– und Trommeltrockner auf. Die ersten Walzentrockner mit indirekter Beheizung wurden mit Dampf beheizt und kamen meist in Verbindung mit einer Brennerei in Einsatz. Die Menge der auf diese Weise getrockneten Kartoffeln war jedoch klein; die Methode kam erst in den 60er Jahren im größeren Maßstab zur Geltung. Zu dieser Zeit erlebte die Schweinezucht einen Aufschwung. Da Schweine hauptsächlich mit Kartoffeln gefüttert wurden, besann man sich wieder auf die leicht zu handhabenden Kartoffelflocken. Große Trocknungsfabriken wurden gebaut, meist auf genossenschaftlicher

Ebene betrieben. „Die Stärke der Erdäpfel ist in der Fabrik gemessen worden und ja nachdem hat man Flocken bekommen."[Herr G., Oberntief].
Von einer Kartoffelflockenfabrik in Uffenheim berichtet Frau K. aus Seenheim: „Den Ackersegen hat mer zu Kartoffelflocken gemacht. In Uffenheim gab es eine Kartoffelflockenfabrik, da mußte mer sich anmelden, da ist dann den Kartoffeln das Wasser entzogen word'n. Als Kinder ham mer a paar davon g'essen. Mit Wasser sind die dann angefeuchtet word'n, da hat es Brei gegeben. Da durfte man aber nicht zuviel davon füttern. Die Flocken hat mer auf'n Bodn schütt'n können, die mußten nicht in den Keller. In großen Säcken waren die verpackt. Die Fabrik hat der Raiffeisenbank gehört, da hat mer sich oft sechs bis acht Wochen vorher anmelden müssen, damit mer drankommen is'. Da is' fast jeder Bauer hin, der Schweine g'habt hat." Auch heute gibt es noch Trocknungsanlagen: „In Birkenfeld bei Neustadt gibt es noch eine [Trocknungsanlage], da geh ich heut noch hin. Die trocknen auch Grünfutter." Herr B. aus Ickelheim].
Kartoffeln für Nahrungszwecke empfahl man in „Reisform" zu trocknen. Dazu wurden gekochte Kartoffeln durch eine Presse gedrückt, deren Einsatz aus einem Sieb mit größeren Löchern bestand. Die Kartoffeln kamen in Form von kurzen Nudeln heraus, die dann in reiskorngroße Stückchen zerfallen. Diese werden in der Sonne oder in der Resthitze des Backofens getrocknet. Man erhält feste, weiße, durchscheinende Körner, die man in Säcken abgefüllt aufbewahren kann. Diese Körner können wie Reis in Milch, Wasser oder Fleischbrühe gekocht werden.
Eine weitere Methode, die für die Haltbarmachung von Futterkartoffeln propagiert wurde, war das Silieren; man machte sich, wie beim Sauerkraut, den Vorgang der Milchsäuregärung zunutze. Zunächst dämpfte jeder Betrieb in kleineren Holzdämpfern: „Da hat man einen Dämpfer gehabt, so einen großen Kessel mit Holzfeuerung. Der ist mit ‚Reisigwöllen' geheizt worden, das waren Reisigbündel 60 Zentimeter lang und

etwa zwei bis 25 Zentimeter im Durchmesser, da ist man in den Wald gegangen und hat viele solche Wöllen gebunden, damit hat man auch die Backöfen eingeheizt." [Herr M. aus Ippesheim]
Im großen Stil arbeiteten Dämpfkolonnen, die von Genossenschaften ausgeliehen werden konnten. „Die Kartoffeln sind zwischengelagert worden, dann ist eine Dämpfkolonne gekommen, da sind sie gekocht worden und in ein Betonsilo eingelagert – das war ein ausbetoniertes Loch. Die Kartoffeln wurden darin festgestampft, mit unter den Sohlen geschnallten Brettern. Dann wurde das Silo zugedeckt und dem Säuerungsprozeß überlassen. Man hat sechs Wochen warten müssen, dann hat man davon entnehmen können. Im Herbst sind Kartoffeln auch frisch verfüttert worden, da hat man immer nur den Bedarf selbst gedämpft. Die hatten mehr Futterwert für die Schweine. Bei der Dämpfkolonne war einer vom Dorf dabei, der ist aber auch noch weiter rumgekommen und hat Kartoffeln eingedämpft. Alle drei bis vier Ortschaften gab es eine Dämpfkolonne. In die Bottiche sind etwa 20 Zentner Kartoffeln reingegangen, genau weiß ich das nicht mehr, damals war ich noch Kind und da kommt einem alles so groß vor. An die Bottiche sind unten Dampfschläuche angeschlossen worden und es ist mit Holz geheizt worden. Eine Stunde sind die Kartoffeln gedämpft worden, das hat man gerochen, wenn sie fertig waren. Später gab es vollautomatische Dämpfer mit Ölheizung. Die wurden von der Raiffeisenbank ausgeliehen. Auch das Waschen der Kartoffeln war dann schon in der Maschine integriert, früher mußte man sie in einer Kartoffelwaschmaschine mit Handkurbel waschen. 1974 bis 1978 ist es schlechter geworden. Die Schweinepreise sind gesunken und der Ölpreis ist gestiegen. Die Dämpfmaschine hat zum Ausleihen viel Geld gekostet und in der letzten Zeit haben sie Tag und Nacht gearbeitet, damit es schneller geht und sich noch lohnt." [Herr S. aus Rüdisbronn]. Parallel zu den Dämpfkolonnen gab es mit der Elektrifizierung kleinere elektrische Dämpfer, die mit Nachtstrom betrieben wurden.

Kartoffeldämpfen bei Weißenburg/Mittelfranken. Aufnahme um 1960.

Die Kartoffel diente ferner als Rohstoff zur Schnaps–, Puder–, Farbstoff– und Gummiherstellung. Später löste dann das Öl die Kartoffel ab. Nach dem Zweiten Weltkrieg begann der Siegeszug der Kartoffelfertig– und Halbfertigprodukte, die in den 50er Jahren dann schon selbstverständlich waren. Heute sind eine Vielzahl konservierter Kartoffelprodukte gängig.
Als Vollkonserven werden Kartoffeln in Dosen und Gläsern angeboten. Festkochende Kartoffelsorten sind hitzesterilisiert, verpackt in aluminiumbeschichteten Folienbeuteln erhältlich.
Diese Kartoffelprodukte dürfen bei der Zubereitung nur noch auf etwa 65 Grad erhitzt, nicht aber gekocht werden, da sie schon voll gegart sind und beim Kochen zerfallen würden.
Den größten Teil unter den Kartoffelkonserven machen Tiefkühlprodukte aus. In dieser Form werden hauptsächlich Kartoffelfertigprodukte, wie Puffer, Kroketten usw. angeboten.
Aber auch getrocknete Kartoffelprodukte sind erhältlich. Trockenspeisekartoffeln werden aus rohen Kartoffeln hergestellt. Sie sind bereits in der gewünschten Form geschnitten (Würfel, Stäbchen...), kurz blanchiert und getrocknet. Diese Produkte sind einfach zu lagern und lange haltbar.

Trockenkartoffelpüree besteht aus gekochten, getrockneten Kartoffeln. Es ist ein leicht quellendes Erzeugnis, das, wenn Milchpulver enthalten ist, nur noch mit heißem Wasser angerührt werden muß. Es läßt sich aber nicht sehr lange lagern, da es bei Zutritt von Sauerstoff schnell verdirbt.
Knödelmehle bestehen aus rohen, gekochten oder je zur Hälfte aus rohen und gekochten Kartoffeln; Knödelteige je zur Hälfte aus rohen und gekochten Kartoffeln. Der Teig muß nur noch zu Klößen geformt und gekocht werden.
Eine große Abteilung bilden Knabberartikel aus Kartoffeln wie Chips, Flips usw., deren Vielfalt ständig steigt und die sich wachsender Beliebtheit erfreuen. Chips wurden ab 1945 durch die amerikanischen Streitkräfte in Deutschland bekannt. Der Import aus Amerika war jedoch zu kostspielig. Einige Fabrikanten machten sich diese Marktlücke zunutze. 1951 entstand in Deutschland In Neu–Isenburg bei Frankfurt die erste Anlage zur Produktion von Kartoffelchips.

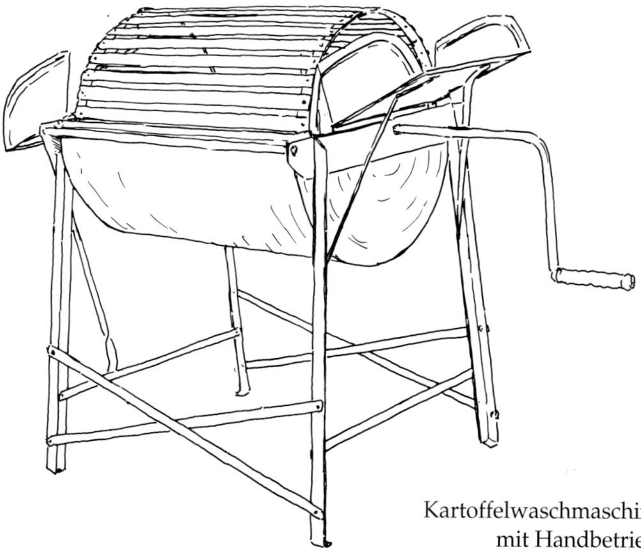

Kartoffelwaschmaschine
mit Handbetrieb.

Kartoffelpreßblocks

Schon im 18. Jahrhundert beschäftigte man sich mit der Trocknung von Gemüse, besonders von Kartoffeln, zur billigen und einfachen Versorgung der Soldaten auf Feldzügen. Allerdings ließen diese ersten Resultate geschmacklich noch viel zu wünschen übrig. Die ersten Trockengemüseprodukte wurden von den Soldaten scherzhaft als „Drahtverhau" bezeichnet.
Besonders zur Verpflegung der Wehrmacht wurde in den 30er Jahren unseres Jahrhunderts die Forschung und Verbesserung der Herstellung von Trockengemüse gefördert. Deshalb hieß die Schlagzeile bei einer Ausstellung 1938 in Berlin, bei der es auch um die Verpflegung der Wehrmacht ging, „Trockengemüse, kein Drahtverhau mehr". Die Trocknung des Gemüses erfolgte nun in Spezialtrocknungsanlagen, in denen dem Gemüse der Wassergehalt mittels Warmluft entzogen wurde. Geschmack, Farbe, Vitamine und Mineralstoffe blieben so erhalten. Angeboten wurde es im Einzelhandel in Form von Preßblocks, ausreichend für 3 bis 4 Portionen. Diese Blocks waren bei trockener und kühler Lagerung praktisch unbegrenzt haltbar.
Trockengemüse vor allem zur Arbeitsentlastung von Hausfrauen propagiert. Das Putzen des Gemüses entfiel, nach kurzer Einweichzeit war das Gemüse kochfertig und konnte wie frisches Gemüse zubereitet werden. Das Gemüse nahm beim Kochen seine natürliche Form wieder an. Die verschiedensten Gemüsearten wurden getrocknet angeboten: Kartoffeln, Gelbe Rüben, Kohl, Spinat, Pilze, aber auch schon fertige Gemüsemischungen, wie zum Beispiel Suppengrün. Für den Großverbrauch der Wehrmacht oder für Großküchen fanden besonders Kartoffel- oder Sauerkrautpreßblocks Verwendung. Trockengemüse wurde aber bald durch die immer größer werdende Produktpalette von Konserven verdrängt.

Literaturverzeichnis

Bavaria. Landes- und Volkskunde des Königreichs Bayern, Bd. 2: Oberpfalz und Regensburg, Schwaben und Neuburg, München 1862; Bd. 3: Oberfranken, Mittelfranken, München 1864; Bd. 4: Unterfranken und Aschaffenburg, München 1866.
Benker, Gertrud, Essen und Trinken in der ländlichen Oberpfalz (Schriftenreihe Oberpfälzer Freilandmuseum), Regensburg 1990.
Borcherdt, Christoph, Fruchtfolgesysteme und Marktorientierung als gestaltende Kräfte der Agrarlandschaft in Bayern, Kallmünz/Regensburg 1960.
Bormuth, Heinz, Entdeckungsgeschichte und Ausbreitung der Kartoffel, in: Rund um die Kartoffel. Zur Geschichte des Kartoffelbaus im Odenwald, Ober-Ramstadt 1982, 10ff.
Bothner, Hedwig, Handgeschriebenes Kochbuch (1908).
Bühlertanner Hausmannskost, Schwäbisch Hall 1989.
Chroust, Anton, Das Würzburger Land vor hundert Jahren, Würzburg 1914.
Dörfler, Hans, Aus der Geschichte der Landwirtschaft in Oberfranken, 4 Bde, Bayreuth 1962.
Eichenseer, Adolf u. Erna Horn, Oberpfälzer Kost, Regensburg 1977.
Frauenwelt, 3. Jahrgang 1948, Heft 22.
Geds, Adelheid, Handgeschriebenes Kochbuch.
Gerhard, Frank, Kulinarische Streifzüge durch Franken, Künzelsau 1980.
Händel, Fred und Axel Herrmann, Das Hausbuch des Apothekers Michael Walburger 1652-1667, 5 Bde, Hof 1988 ff.
Hanel, Franziska, Schnitz, Schwaaß und Schweinebroutn, Hof 1987.
Hausner, A. (Hrsg.), Landfrauenbuch. Lehrbuch für den Unterricht an Landfrauenschulen und landwirtschaftlichen Haushaltungskursen sowie zum Selbstunterricht, Freising-München, o.J. (1926).
Häußler, Theodor, Erdäpfelpfalz, Das Kartoffelbuch aus der Oberpfalz, Regensburg 1993.
Hofmann, Maria, Bayerisches Kochbuch, 31. Auflage, München 1962.
Kartoffelrezepte, gesammelt von Neuburger Frauen, 2. Auflage, Neuburg a. d. Donau 1994.
Kiesel, Karin (Hrsg.), Vom Essn muß mer sich dernährn, Hof 1983.
Kilian, Ruth, Die Kartoffel. Geschichte, Geräte, Produkte, Gessertshausen 1988.
Kleinschmidt, Wolfgang, Die Einführung der Kartoffel in der Pfalz und die Verbreitung von Kartoffelspeisen in der Westpfalz und in den angrenzenden Gebieten der ehemaligen Rheinprovinz, in: Rheinisch-westf. Zeitschrift für Volkskunde 24 (1978), 208-230.

Koch- und Backkünste der Landfrauen des Parksteiner Landes, 2. Auflage, Amberg 1992.
Kohlberger, Alexandra, Fast alle Tage Kraut, 2 Auflage, Rothenburg o. d. Tauber, 1994.
Kollmann, Therese, Die Kunst des Haushaltens in guten und schlechten Tagen, 4.Auflage, München 1956.
Krünitz, Johann Georg (Hrsg.), Oeconomisch-technologische Enzyclopädie..., 242 Tle, Berlin 1773-1858.
Laesar-Weigel, Hildegard, Das Tagewerk der Landfrau, 2. Auflage, Berlin 1937.
Land und Frau, 23. Jahrgang 1939, Nr.4.
Lutz, Julie, Kochbuch für jeden Haushalt, 11. Auflage, Brannenburg, o.J. u. 18. Auflage, Brannenburg 1949.
Maier-Bruck, Franz, Würzige Eintöpfe einfach und exotisch, Wien 1980.
Meyer, Eduard, Das Pflanzkartoffelanbaugebiet südlich von Schwabach/Mittelfranken, in: Mitteilungen der Fränkischen Geographischen Gesellschaft 21/22 (1974/75), 454-471.
Müller, Ingeborg, Kartoffelnahrung im Vogtland. Zum Nahrungswandel in der Zeit des Manufakturkapitalismus, Plauen 1976.
Neustädter Kalender für Haus und Familie für das Jahr 1955 /1962, Neustadt an der Aisch.
Ottenjann, Helmut u. Karl-Heinz Ziessow (Hrsg.), Die Kartoffel. Geschichte und Zukunft einer Kulturpflanze (Arbeit und Leben auf dem Lande, Band 1), Cloppenburg 1992.
Plank, Sieglinde, Bericht über den Königlichen Landgerichts-Bezirk, 1860, Schwabach 1988.
Reif, Irene, Reisen und Kochen in Franken, München 1971.
Rickert, Marie, Der Landhaushalt. Lehr- und Handbuch für die Hausfrau und Landfrau, für landwirtschaftliche Schulen und Lehrlinge, 5.Auflage, Hamburg-Berlin 1952.
Schwärzel, Jedde, Handgeschriebenes Kochbuch um 1910, Hof.
Schwarzer Adler, Mönchsondheim, Handschriftliches Kochbuch (um 1890).
Ulmer, Elisabeth, Handgeschriebenes Kochbuch.
Vogt, Joseph, Kartoffeln, Künzelsau 1986.
Was gout is und schmeckt, Rezepte von Rohr und dou drum rum, Rohr 1988.
Wirsing, Max, Der feldmäßige Kartoffelbau in Bayern - früheste Hinweise aus Rehau, Ortsteil Pilgramsreuth, Rehau 1991.
Wirsing, Max, Die Einführung des Kartoffelanbaus in Deutschland durch Pilgramsreuther 1648, in: Zeitschrift für Agrargeschichte und Agrarsoziologie 36, 1 (1988), 23-32.

Register